Daniel Wilk

Die Ruhe im Wasserglas

Entspannungs- und Trancegeschichten, die Seele und Körper harmonisieren

Zweite Auflage, 2015

Umschlaggestaltung: Uwe Göbel
Umschlagfoto: © Thorsten Höning
Satz: Verlagsservice Hegele, Heiligkreuzsteinach
Printed in Germany
Druck und Bindung: CPI books GmbH, Leck

Zweite Auflage, 2015
ISBN 978-3-89670-872-4
© 2013, 2015 Carl-Auer-Systeme Verlag
und Verlagsbuchhandlung GmbH, Heidelberg

Bibliografische Information der Deutschen Nationalbibliothek:
Die Deutsche Nationalbibliothek verzeichnet diese Publikation
in der Deutschen Nationalbibliografie; detaillierte bibliografische
Daten sind im Internet über http://dnb.d-nb.de abrufbar.

Informationen zu unserem gesamten Programm, unseren Autoren
und zum Verlag finden Sie unter: **www.carl-auer.de**.

Wenn Sie Interesse an unseren monatlichen Nachrichten
aus der Vangerowstraße haben, können Sie unter
http://www.carl-auer.de/newsletter den Newsletter abonnieren.

Carl-Auer Verlag GmbH
Vangerowstraße 14
69115 Heidelberg
Tel. +49 6221 6438-0
Fax +49 6221 6438-22
info@carl-auer.de

Inhalt

Einleitung

Seit bald drei Jahrzehnten arbeite ich mit Menschen an der Verbesserung ihres Wohlbefindens und ihrer Gesundheit. Dabei wurde mir schnell klar, dass jegliche Form der konstruktiven Veränderung aus dem Menschen selbst unterstützt werden muss. Zu viel Anspannung (der sogenannte »Stress«) trübt die eigene Fähigkeit zur Gesunderhaltung sowie die Freude am Leben. Dagegen führt regelmäßige Entspannung zu mehr Gesundheit, zu mehr Freude am Leben und an sich selbst und zu einem kreativeren Umgang mit dem Leben in all seinen Bereichen.

Wie aber erreicht man Entspannung und wie überzeugt man die Menschen davon, dass sie genauso wichtig ist wie gute Ernährung? Das erweist sich noch immer als schwierig, weil uns von klein auf gelehrt wird, dass wir in erster Linie viel leisten müssen, um es zu etwas zu bringen. Entspannung und die Empfindsamkeit für die Signale des Körpers und der Psyche werden gering geschätzt oder sogar als Zeitverschwendung verurteilt.

Es gibt viele gute Wege in die Ruhe. Ein Weg ist die Hypnotherapie, die mithilfe der Fantasie und vergangener positiver Erfahrungen die eigene Kreativität fördert. Dadurch wird es leichter, das Leben freudvoller zu gestalten, Beziehungen (auch zu sich selbst) mit mehr Liebe zu leben und die Kräfte in uns anzusprechen, die Gesundheit von innen fördern.

Entwickelt wurde die Hypnotherapie von M. H. Erickson, einem amerikanischen Psychiater, der in ihr neben der Hypnose viele weitere gute Ansätze integrierte, um Menschen zu helfen, ihr eigenes Potenzial zu nutzen.

Die Geschichten in diesem Buch verwenden Teile seiner Methoden und führen dadurch zuverlässig zu Entspannung und mehr Gesundheit. Dabei wird diese ganz natürlich gefördert.

Um gesundes Leben zulassen zu können, brauchen wir Abstand von dem, was uns belastet. Den bekommen wir durch zuverlässige Entspannung, in der auch auf unbewussten Ebenen eine Harmonisierung in uns angestrebt wird.

In unserem Alltag lenken wir unser Leben auf der Grundlage von bewussten Entscheidungen, die unser Verstand als vernünftig und richtig ansieht. So gesehen machen wir aus unserem Leben das Beste – auf der Grundlage dessen, was uns möglich scheint.

Dabei werden die Entscheidungen, die unser Leben bestimmen, viel stärker durch Gefühle beeinflusst, als uns meist bewusst ist. Beispielsweise haben wir oft Ängste, nicht genügend Geld zu haben oder von anderen Menschen nicht anerkannt zu werden. Deshalb verhalten wir uns in einer Weise, die diese Ängste kleinhält, unter anderem indem wir sehr viel arbeiten, damit wir genügend Geld haben, um die Angst vor Armut zu verringern. Häufig überlasten wir uns aber durch die Menge der Arbeit, die dazu nötig ist. Die Stimmen in uns, die uns raten, mehr zu schlafen oder andere Dinge zu tun, die uns guttun, werden unterdrückt.

Wir schleppen zudem Einflüsse mit uns herum, die während der Kindheit Teil der Erziehung waren und nicht völlig losgelassen wurden – uns oft nicht einmal bewusst sind. Wir haben viele Erfahrungen nicht verarbeitet und in unser Selbst integriert, deshalb beeinflussen sie uns weiterhin, ohne dass wir uns dessen bewusst werden.

Unsere scheinbar gut begründeten Lebensentscheidungen sind also mehr oder weniger stark durch unsere Erfahrungen und Gefühle »vorentschieden«, bevor wir rationale Begründungen dafür formulieren.

So gesehen gestalten wir unser Leben auf dem Fundament nicht-bewusster Grundlagen. Unser Potenzial, gesund und mit Freude an uns selbst in der Welt zu sein, wird dadurch mehr oder weniger optimal genutzt, je nachdem wie einflussreich und unbewusst diese Einflüsse sind und wie gut es uns gelingt, sie optimal aufeinander abzustimmen.

Nun stellt sich die Frage, wie wir diese unbewussten Prozesse beeinflussen können? Wie erreichen wir, dass wir die Fähigkeiten, die wir haben, nutzen, ohne uns dabei von destruktiven Ängsten oder Überzeugungen einschränken zu lassen? Wir können Wege finden, diejenigen Einflüsse, die uns zu einem Verhalten verleiten, das uns letztlich schadet, weniger wirksam werden zu lassen und unsere vergangenen Erfahrungen so optimal wie möglich in unser Selbst zu integrieren. Dadurch werden wir uns – quasi als Nebenprodukt – besser bewusst, welche Gefühle und Bedürfnisse unser Erleben und Verhalten beeinflussen oder sogar steuern.

Interessanterweise werden uns die Zusammenhänge zwischen unserem Verhalten und den unbewussten Hintergründen erst bewusst, wenn wir etwas gründlicher darüber nachdenken und uns in uns selbst hineinfühlen, vielleicht auch Unterstützung durch jemanden bekommen, der uns hilft, uns in das Thema zu vertiefen, der aber möglichst unabhängig von unserer persönlichen Geschichte ist.

Die Geschichten in diesem Buch unterstützen das Loslassen der beschriebenen Beschränkungen im Unbewussten. Die Wirkweise ähnelt denen der Tagträume. Auch durch sie nehmen wir unbewusst Kontakt mit unserer »inneren Welt« auf und harmonisieren und organisieren unsere Gesundheit.

Das bedeutet, dass das Vorlesen und auch das Lesen der Geschichten uns Zugang zu unseren unbewussten Reichtümern/Potenzialen bahnt. Das wirkt gesundheitsfördernd und erweitert alle unsere Räume, in denen wir unsere Welt und die Beziehungen zu anderen Lebewesen gestalten.

Infolge dieses ganzheitlichen Erlebens steigert sich das Wohlbefinden meist schon nach der ersten Geschichte. Mittelfristig erweitert sich das bewusste Sein im Wahrnehmen der eigenen Empfindungen. Wir leiten unsere Ansprüche dadurch weniger von anderen Menschen und deren Forderungen ab, sondern mehr von unseren Möglichkeiten und dem inneren Arzt, den jeder Mensch in sich trägt.

Diese Wirkungen meiner Geschichten und ähnlicher Texte wurden über Jahre bei den Menschen festgestellt, die sich durch die Geschichten zu sich selbst begleiten ließen.

Um die Wirkungen auch außerhalb des therapeutischen Rahmens zugänglich zu machen, entstand dieses Buch. Die enthaltenen Texte stellen eine Auswahl dar. Aus meinen bisherigen Büchern sind hier diejenigen Geschichten aufgeführt, die beim Leser besonders schöne Bilder auslösen und von ihm als besonders angenehm bezeichnet werden.

Zur Vereinfachung der Lesbarkeit des Textes spreche ich im Folgenden vom »Hörer«, gemeint ist immer auch der »Leser« – selbstverständlich auch die »Hörerin« sowie die »Leserin«.

Positive Tagträume sind gesund

Die Wirkung von Tagträumen kennen wir gut. Da sind einerseits die unangenehmen Varianten: Der Körper reagiert mit Stresssymptomen, wenn wir an etwas Belastendes denken. Je intensiver wir es uns vorstellen, desto ausgeprägter sind die körperlichen Reaktionen. Aber es gibt auch positive Tagträume: Je intensiver wir uns etwas Schönes vorstellen, desto angenehmer ist die Wirkung auf den Körper und auf unsere Stimmung.

Die unangenehmen Vorstellungen sollten wir meiden, sie haben ein schädigendes Potenzial. Die positiven Vorstellungen dagegen helfen uns, das Leben gesund zu gestalten – solange sie mit der Realität vereinbar sind. Indem wir uns etwas vorstellen, das uns guttun würde, tut es uns tatsächlich gut – auch körperlich. Dabei nutzen wir Fähigkeiten in uns, die gesunde und auch heilende Verbindungen zwischen Körper und Seele herstellen.

Es geht also darum, unsere Lebensbedingungen zu verbessern, indem wir unser konstruktives Potenzial nutzen. Je häufiger wir das auf der Vorstellungsebene tun, desto mehr beeinflusst es auf konstruktive Weise auch unser Handeln im Alltag. So gesehen können wir uns tatsächlich eine bessere Zukunft »erträumen«. Natürlich nur, indem wir auch entsprechend handeln.

Die durch die Geschichten hervorgerufenen konstruktiven Vorstellungen, die als schön empfunden werden und nichts mit der Realität zu tun haben müssen, bringen uns Erholung und wirken sich positiv auf unser psychische und körperliche Gesundheit aus.

Oft ist ein Tagtraum eine wichtige Pause im anstrengenden Alltag. Bei Kindern, die in einem Umfeld aufwachsen, das ihre gesunde Entwicklung (körperlich, psychisch und geistig) stört oder gar verhindert, können wir oft vermehrt Tagträume beobachten. Sie sind ein Versuch, eine Realität zu träumen, die den real schädigenden Bedingungen wenigstens in der Vorstellung entgegenwirkt. Durch die Vorstellungen erhält der Körper gesunde Signale, die seine Entwicklung fördern. Die fantasierte Realität kann einerseits zu einer realisierbaren Zielvorstellung werden. Andererseits wirkt sie schon im Moment des Träumens entspannend, sodass man sich dabei von der beängstigenden und destruktiven Realität erholt. Im Schutz des traumhaften Erlebens – das niemand zerstören kann, solange der Träumende die Fantasie nicht nach außen offenbart – entstehen Gefühle der Geborgenheit, des Vertrauens in sich selbst und der liebevollen Zuwendung.

Die Geschichten in diesem Buch führen solche Zustände gezielt herbei und geben darüber hinaus auf unbewusster Ebene gesunde Impulse. Dazu gehört die Integration von Erfahrungen jeglicher Art in die Gesamtperson.

Aber auch das Vorlesen von Geschichten übt einen positiven Einfluss aus. Es handelt sich bekanntlich um eine wichtige Form der Zuwendung – bei Kindern und bei Erwachsenen. Dem Zuhörer wird dabei Aufmerksamkeit und Zeit gewidmet: Er ist es dem Vorlesenden wert, dass er seine Zeit aufwendet. Es ist also eine Form der Liebe, die jeder von uns braucht.

Unbewusste Fähigkeiten zulassen und fördern

Aus dem Unbewussten heraus kommen uns immer wieder Einfälle (sie »fallen« in das Bewusstsein). Das geschieht besonders häufig und unerwartet, wenn wir entspannt sind. Diese Ideen haben mal mehr und mal weniger Verbindungen zu unserem Alltag. Oft wirken sie »verrückt«, weil sie gerade nicht in unsere gewohnte Sicht der Welt passen. Bei intensiverer Beschäftigung mit ihnen lassen sich jedoch erstaunlich oft Bezüge zu gegenwärtigen Aspekten des Lebens herstellen, denn unser Unbewusstes arbeitet ständig an unseren Schwierigkeiten und sucht auf allen Ebenen nach Lösungen.

Meist werden diese Einfälle vergessen, eben weil wir uns keine Zeit für sie nehmen oder aber sie gerade nicht integrieren können. Dort, wo die Einfälle herkommen, sind noch weitere. Vermutlich ist ihre Zahl nur durch die Aufnahmefähigkeit des Bewusstseins begrenzt.

Die Geschichten sollen unter anderem die Verbindung zwischen unseren unbewussten Ressourcen und dem Bewusstsein verbessern und so ein häufigeres »Einfallen« von Ideen in das bewusste Denken fördern sowie die Akzeptanz von außergewöhnlichen Ideen steigern.

Die Sprache des Unbewussten ist bildhaft

Die meisten Vorgänge in unserem Körper und Fühlen sind uns nicht bewusst. Wenn wir allerdings genügend Ruhe haben, und uns selbst spüren, bekommen wir mehr Einsicht in die Zusammenhänge zwischen unserem Befinden und körperlichen Vorgängen.

Erinnerungen und Vorstellungen bilden Brücken in unbewusste Vorgänge. Wann immer wir uns etwas vorstellen, reagiert der Körper darauf. Deshalb sind die Geschichten sehr bildhaft aufgebaut: Sie sollen das Gedächtnis der Sinne anregen, sich zu erinnern und sich vorzustellen, wie sich die erwünschte Reaktion anfühlt, um sie dadurch hervorzurufen. Das gelingt gut. Wir kennen es von Erinnerungen an schöne Urlaube, die ein Lächeln auf unser Gesicht zaubern und dem Körper Energie geben.

Beispiele dafür sind Gedanken in der Art: »Wie schön wäre es, wenn es aufhören würde zu regnen! Dann würde ich mich in die Sonne legen und die Augen schließen. Alles wäre nur noch halb so schlimm.« Oder: »Wenn ich jetzt am Strand liegen könnte, dann würde ich einfach die Augen schließen, nur noch den Wellen zuhören, und alles andere wäre mir einfach egal.«

Je ausführlicher derartige Tagträume zugelassen werden, desto entlastender wirken sie im jeweiligen Moment – und helfen, die Realität etwas leichter zu ertragen. In einer tiefen Entspannung kann der bewusste Verstand so weit loslassen, dass die Vorstellung tatsächlich erlebte innere Realität werden kann und eine gründliche Entlastung auf psychischer und körperlicher Ebene bringt – die über den Zeitpunkt der Entspannung hinaus wirkt. Sobald der Träumer die Augen dann wieder öffnet, ist der Verstand klarer als zuvor und der Körper leistungsfähiger. Der eben noch erlebte Strandbesuch wird deutlich als Träumerei vom Alltag getrennt. Das bedeutet, dass Tagträumen den Verstand klärt. Als würde dadurch ein Bedürfnis nach Ruhe und innerer Klärung befriedigt, wodurch die darauf folgende Auseinandersetzung mit belastenden Anforderungen erleichtert wird.

Alle Texte beschäftigen sich mit **konstruktiven Sichtweisen**. Diese Ausrichtung wird als sehr angenehm und befreiend erlebt. Die konstruktive Ausrichtung der Geschichten hilft dem Leser, seine Einstellungen zu hinterfragen, eine starre Fixierung zu lösen, seinen Blick in neue Richtungen zu lenken, seinen verkrampften Schritt zu lockern. Sie erinnert an die hellen Seiten des Lebens. Sie löst Ängste, gibt Mut und Zuversicht, um Belastungen zu bewältigen. Es fällt leichter, sich dem Positiven zuzuwenden.

Erfahrungen in unserem Leben *müssen* in den meisten Fällen weder positive noch negative Konsequenzen haben. Durch eine Veränderung der Sichtweise auf eine Erfahrung können wir ihre Auswirkung auf unser Befinden und auf unsere Zukunftsperspektive mildern oder sogar positiv uminterpretieren.

Indem die Geschichten die Veränderung der Perspektive, aus der man die Welt und sich selbst betrachtet, nahelegt, wirken sie *konstruktiv*. Wenn beispielsweise der Motor des Autos kaputt geht, hat es nicht nur zur Konsequenz, dass im schlimmsten Fall ein anderes Auto angeschafft werden muss (manchmal ist nicht einmal das wirklich nötig, wenn die öffentlichen Verkehrsmittel ausreichend zur Verfügung stehen), sondern auch, dass der (ehemalige) Autobesitzer sich mehr körperlich bewegt und die Vorteile öffentlicher Verkehrsmittel oder auch von Fahrgemeinschaften erfährt. Viele zunächst als vollständig negativ interpretierte Ereignisse haben sich im Nachhinein so dargestellt, dass sie Veränderungen im Leben nach sich zogen, die sich schließlich positiv auswirkten.

Die Geschichten regen grundsätzlich dazu an, alle Lebenserfahrungen aus verschiedenen Perspektiven zu betrachten, sodass in den meisten Fällen sogar mehrere positive Veränderungen eingeleitet werden können. Wenn eine solche Haltung generalisiert werden kann, wird die eigene Kreativität genutzt, um die Welt interessanter zu gestalten und mit mehr Freude zu »durchweben«.

Wie können Worte heilen?

Worte haben dann den gewünschten Einfluss auf unbewusste körperliche Prozesse, wenn sie geeignet sind, die passenden Vorstellungen in ausreichender Intensität hervorzurufen.

Wir wissen, dass bestimmte Nahrungsmittel oder Medikamente einen die Heilung begünstigenden Einfluss auf unseren Körper haben. Dass dies auch Worte können, ist schwer zu glauben – und doch tägliche Realität.

Worte wirken in uns. Sobald etwas zu uns gesagt wird, das einen wesentlichen Einfluss auf unser Leben hat, reagieren wir körperlich darauf. Das wissen wir durch konkrete Veränderungen: Die Herzfrequenz und die Atmung verändern sich, das Gesicht wird rot oder weiß, unsere Knie zittern, wir fühlen uns entspannt oder gestärkt.

Worte beeinflussen uns also eindeutig körperlich. Wie wenig wir uns dessen im Alltag bewusst sind, ist erstaunlich und liegt vermutlich daran, dass in unserem Alltag wenig Wert auf die Wahrnehmung der Vorgänge in uns selbst gelegt wird – es sei denn, wir funktionieren nicht »richtig«, indem wir krank werden.

Eigentlich ist es aber nicht das Wort, das die Wirkungen in uns hervorruft. Worte werden in unserem Inneren in **Vorstellungen** und **Gefühle** übersetzt, sobald ihre Inhalte als für uns wesentlich erkannt wurden.

Am Beispiel des Wortes »Ruhe« ist diese Wirkung erfahrbar. »Ruhe« hat eine recht eindeutige Bedeutung und wird gerne mit Bildern wie Sofa, Bett, Spaziergang in schöner Natur, einem stillen See oder Ähnlichem verbunden. Diese Bilder enthalten persönliche Erfahrungen der Ruhe. Wenn ich Sie jetzt frage, wie es sich anfühlt, wenn Sie zur Ruhe kommen, dann erinnern Sie sich an Situationen, in denen Sie ruhig waren. Indem derartige Bilder »aufgerufen« werden, bewirken sie körperliche und psychische Prozesse, die schließlich die momentane Ruhe begünstigen. Durch die Erinnerung rufen wir den Zustand auf, der damals während der ruhigen Phasen (im Bett, am See oder Strand ...) vorherrschend war. Indem in einem Text viele Wörter verwendet werden, die sicher mit dem angestrebten Zustand assoziiert werden, kann dieser Text Ruhe hervorrufen und vertiefen.

In Zuständen der Ruhe ist das Unbewusste – als zuständige Instanz für Gesundheit und Heilung – offen für Ideen, die normalerweise durch feste Einstellungen abgeschottet sind. Die kreativen Selbstheilungskräfte können deshalb in tiefer Ruhe angesprochen werden.

Werden die verwendeten Worte mit einer ruhigen Stimme und Sprechweise kombiniert, dann verstärkt sich die Wirkung. Wenn Sie die Geschichten nicht hören, sondern lesen, dann versuchen Sie ebenfalls, offen zu sein für die Bilder und Vorstellungen, die beim Lesen in den Sinn kommen. Lassen Sie Ideen zu und folgen Sie *den* Gedanken und Bildern, die Ihnen guttun.

Entspannung ist lernbar!

Es zeigt sich immer wieder, dass der Umgang mit tiefen Entspannungen gelernt werden kann. Sofern jemand bereit ist, sich darauf einzulassen, stellt er schon nach wenigen Übungen fest, dass Entspannung nicht nur möglich ist, sondern sogar zuverlässig herbeigeführt werden kann. Häufige Hindernisse auf diesem Weg des Lernens sind aber fehlende Geduld und das Festhalten an der Überzeugung, dass »man« das nicht lernen könne. Dabei kann jeder entspannen, denn jeder schläft – wenn auch nicht immer gut. Genauso, wie jeden Tag der Weg in den Schlaf gefunden wird, können auch Wege in die Entspannung entwickelt werden – wenn man sich einigermaßen geduldig darauf einlässt.

Häufige Anwendung aktiviert Ihre Selbstheilungskräfte

Die angestrebten Veränderungen sind letztlich nicht auf die Geschichten zurückzuführen, sondern auf die eigenen Selbstheilungskräfte. Die Geschichten sind lediglich ein guter Weg, um das unbewusste Wissen über gesunde Entwicklungen auf allen Ebenen anzuregen und wieder mehr Raum und Energien im Alltag für das eigene Wohl zu nutzen.

Alle Erinnerungen und Fantasien, die durch die Geschichten angeregt werden, helfen, eigene Vorstellungen zu entwickeln, die gut wirken. Nehmen Sie sich also die Freiheit, mithilfe Ihrer Fantasie Veränderungen in Ihrer Gesundheit oder in Ihrem Bewusstsein anzustreben. Die dabei entstehenden Bilder können Sie nicht nur während des Lesens der Geschichten, sondern auch in Ihrem Alltag verwenden, um gute Gefühle zu unterstützen und gute Entwicklungen weiter zu fördern. Nach einiger Anwendung werden die eigenen Fähigkeiten zunehmend bewusster wahrnehmbar und nutzbar.

Der Aufbau der Geschichten

In den Geschichten werden Prinzipien aus der Hypnotherapie nach Milton H. Erickson angewendet, um konstruktive Veränderungen zu fördern. Erickson war ein amerikanischer Psychiater, der viele der therapeutischen Möglichkeiten entwickelte, aus denen die Hypnotherapie hervorging.

Die Texte in diesem Buch leiten eine Entspannung ein und erhalten sie aufrecht. Stets wird ein gesunder, respektvoller Umgang mit dem eigenen Selbst angeregt. Die Entspannung ist also nicht das einzige Ziel, sondern ein erster Schritt zu einem tiefer liegenden, systemischen Ziel der Harmonisierung all dessen, was wir sind. Potenzielle Störungen der Entspannung werden – soweit sie vorausschauend in einem Buch erfasst werden können – angenommen und integriert. Sie verlieren dadurch weitgehend ihre störende Natur. Am Ende des Textes wird zum wachen Umgang mit dem Alltag übergeleitet.

Alle Geschichten haben eine ähnliche Struktur

- Die meisten **Einleitungen** erfassen die Gegenwart über das Hören der augenblicklichen Geräusche und über das Fühlen der (angenehmen) Schwere und Wärme des Körpers. Dadurch wird eine Entspannung gefördert.
- Es folgen **Vertiefungen** in unsere unbewussten Fähigkeiten hinein. Sie enthalten Schilderungen, die das Bewusstsein in entspannender Form beschäftigen und das Unbewusste anregen, für die psychische und körperliche Gesundheit zu sorgen. Um negativen Einstellungen (»Das kann ich nicht«, »Dazu bin ich zu blöd/zu klein« usw.) den Einfluss zu nehmen, werden die Anregungen oft in Bildern oder Handlungen dargeboten, die nicht bewusst auf sich selbst bezogen werden, unbewusst aber für die eigene Relevanz überprüft und verwendet werden.
- Außerdem wird dazu angeregt, Bekanntes **aus anderen Perspektiven** zu betrachten, um neue Entwicklungen zu fördern und Problemlösungen zu erleichtern.
- Am Ende wird der Leser wieder in den aktiven und wachen Umgang mit seinem individuellen Alltag **zurückorientiert**.

Einleitungstext

Folgender Text kann jede Geschichte oder auch nur eine kurze Entspannung einleiten. Die Punkte stehen für kurze Sprechpausen:

Während du jetzt Entspannung im Körper zulässt, vielleicht spürst du die sich lockernden Muskeln in den Schultern … und auch woanders … kannst du dich an die Wirkung schöner Träume erinnern … nachts in den Träumen verbinden sich die Erinnerungen und die Fantasie oft zu Bildern oder kleinen Geschichten, die dir guttun … und das kannst du jetzt zulassen, während du locker wirst, zulassen … was dir guttut …

Text zum Wachwerden

Folgender Text kann zur Überleitung in den wachen Zustand vorgelesen werden:

… und so wirst du nun innerhalb der nächsten ein bis zwei Minuten diese Fantasiebilder abschließen … sammelst mit dem Einatmen Frische und Klarheit … dein Körper und dein Verstand bereiten sich jetzt auf das wache Erleben des Tages vor … um ihn ausgeglichen und mit Freude zu verbringen, wirst du jetzt wieder ganz wach werden … mit dem Einatmen wird dein Körper frisch und dein Denken klar …

Die Rückorientierung

Sie ist sehr wichtig, weil wir in der Entspannung in tiefe unbewusste Bereiche »absinken« können. Das kennen wir aus dem Mittagsschlaf, nach dem wir manchmal auch für einige Zeit das Gefühl haben, nicht ganz wach zu sein.

Falls Sie sich nach einer Geschichte nicht wach fühlen, entspannen Sie sich noch einmal für ein bis zwei Minuten und geben dem Unbewussten den Auftrag, die soeben bearbeiteten Inhalte – die das Bewusstsein vielleicht nicht kennt – für den Moment abzuschließen. Die Wahrnehmung und das Bewusstsein sind hinterher klarer und der Körper ist ruhiger. Die Aufmerksamkeit kann sich in dieser kurzen Entspannung von den tiefer liegenden Gefühlen und Inhalten lösen und sich wieder den Anforderungen des Alltags zuwenden.

Als bewährte Anweisung können folgende Worte gewählt werden:

Lass dich jetzt noch einmal in die Ruhe sinken, dorthin, wo du eben noch warst, und nimm dir in den nächsten zwei Minuten alle Zeit, die du brauchst, um die Dinge dort abzuschließen und wieder wach in den Alltag zu kommen …

Danach sammeln Sie sich wieder, strecken sich, nehmen mit jedem Einatmen Frische und Klarheit auf und sind mit dem Öffnen ihrer Augen wieder so wach und klar, dass Sie Ihre Aufgaben ausgeruht bewältigen können.

Zu den Wirkungen der Geschichten

Allgemeine Wirkungen

Die Geschichten führen in eine **körperliche und psychische Entspannung.** In ihr werden starre Einstellungen zu Problemen und zu unserem Umgang mit der Welt gelockert beziehungsweise erweitert: Wir sehen die Dinge nicht mehr so eng. In dieser gelösten Verfassung sind wir für Anregungen aufnahmebereit, die zu erstaunlich schnellen Problemlösungen führen können. Auch der Weg zu den eigenen natürlichen Heilkräften erweitert sich.

Die Geschichten helfen, **im Wahrnehmen, Denken und Handeln klarer** (bewusster) zu werden, weil sich in tiefen Entspannungen das Bewusstsein reinigt.

Die Geschichten wirken **entlastend** in Bezug auf alle Störungen, die durch Überforderung (»Stress«) eintreten (beispielsweise Ängste, depressive Reaktionen, Kopfschmerzen und Migräne, Verdauungsbeschwerden und Bauchschmerzen). Man fühlt sich hinterher körperlich lockerer und psychisch erfrischt.

Die wichtigsten Voraussetzungen für unsere Gesundheit bringt jeder von uns von Geburt an mit: Es ist das vorrangige Ziel des Körpers, sein eigenes Überleben zu sichern. Um diese

Aufgabe zu erfüllen, hat die Natur ihn mit einem Abwehrsystem ausgestattet, das seine Aufgaben normalerweise so gut erfüllt, dass wir mit alltäglichen Bedrohungen durch Bakterien und Viren gut umgehen können. Unser Abwehrsystem ist außerdem darauf ausgerichtet, laufend zu lernen. Es kann sich den ständigen Veränderungen unserer Umwelt gut anpassen. Dadurch erhält es uns auch unter veränderten Bedingungen gesund.

Über Gedanken und Gefühle beeinflusst die Psyche die unbewussten Vorgänge sehr stark. Sorgen, überhöhte Ansprüche an die eigene Person oder auch sehr negative Erfahrungen in der Vergangenheit stören die gesunden Prozesse.

Tiefe Entspannungen **unterstützen unsere innere »Tendenz zur Heilung«**, indem sie diese Störungen so weit auflösen oder neutralisieren, dass sie ihren Einfluss auf die Person und ihre Gesundheit während der tiefen Ruhe weitgehend verlieren. Es ist, als ob die tiefe Entspannung uns von unseren Sorgen, Ängsten und den anderen störenden Eindrücken trennt oder eine Schutzschicht wachsen lässt, die uns von den destruktiven Einflüssen abschirmt. Darüber hinaus werden Probleme und Krankheiten während der tiefen Entspannung sehr positiv beeinflusst.

Sowohl die Herbeiführung einer tiefen Entspannung – als Grundlage für einen positiven Umgang mit sich selbst – als auch die Aktivierung eigener Selbstheilungskräfte sind erlernbar. Deshalb verbessert häufiges (Vor-)Lesen die Wirkungen.

Innere Ruhe führt zur sensiblen Wahrnehmung unserer Empfindungen

Indem wir ruhig werden, verlieren wir das ehrgeizige Streben nach Materiellem, nach Erfolg, nach Anerkennung. Wir genügen uns selbst.

Das hört sich seltsam an und auch unglaublich – wenn man es noch nicht erlebt hat. Aber in der Ruhe scheint sich Wesentliches von Unwesentlichem zu trennen. Das Wesentliche sind natürlich wir selbst. Alle materiellen Bestrebungen – zu denen wir großzügig auch die nach Anerkennung und Bedeutung zählen können – haften uns an. Wir haben sie irgendwann im Laufe unseres Lebens als überflüssiges Gepäck mitgenommen, weil wir dachten, wir fühlten uns besser so.

Je häufiger wir innerlich zur Ruhe kommen – also nicht einfach nur eine Pause machen, sondern mit möglichst allen Aktivitäten aufhören und uns spüren –, desto mehr von diesem Ballast fällt von uns ab.

Tiefe Entspannung reduziert auch die Intensität der körperlichen Antwort auf Gefühle. Dadurch können wir unsere Gefühle aus einem Abstand heraus wahrnehmen, der den Körper ruhig sein lässt.

Ein Mensch, der seinen eigenen unbewussten Rhythmus in der Stille findet und ihm folgt, wird aus sich selbst heraus zufrieden und mag sich selbst.

Der »innere Bezugspunkt« ist also das feine Empfinden für sich selbst, das nur in der umfassenden Entspannung in seinen feinen Abstufungen erlebbar wird. Bei häufiger Anwendung der Wege in diese Entspannungen werden sie Teil der alltäglichen, wachen und bewussten Wahrnehmung. Dadurch steuern wir uns immer mehr unabhängig von Impulsen, die durch diffuse Gefühle angetrieben werden.

Wenn man diesen Gedanken ein Weilchen weiter folgt, kommt man zu dem Schluss, dass das Bewusstsein zwar die Bühne der subjektiven Welt ist, was dort gespielt wird, entsteht aber immer auch aus dem Verborgenen, dem Unbewussten. Diese Vorgänge werden bei regelmäßiger tiefer Entspannung zunehmend bewusster. Um im Bild zu bleiben: Bei regelmäßiger tiefer Entspannung wechselt man vom Schauspieler, dem die Aktivitäten vorgeschrieben werden, zum Zuschauer in den eigenen Lebenssituationen, der wählen kann, welches Stück gespielt wird und sich entsprechend die Schauspieler und deren Rollen aussucht.

Die Geschichten in diesem Buch sind Wege dorthin. Meditationen oder auch autogenes Training sind weitere Wege.

Mittel- bis langfristig spürbare Wirkungen

Schon im Verlauf der ersten beiden Wochen des Lesens oder Hörens von Geschichten wird Ihre Wahrnehmung für sich selbst und für Ihre Umgebung besser. In diesem Zeitraum beginnen Sie, sich innerlich neu zu organisieren. Sie werden ruhiger und akzeptieren sich und Ihre Umwelt leichter. Ihre eigenen Maßstäbe und Werte werden klarer wahrgenommen und wichtiger für das eigene Handeln. Es wird Ihnen bewusster, welche vergangene Erfahrung sie zu welchem Denken und welchen Handlungen leitet. Insofern werden Sie *selbst-bewusster* und *selbst-bestimmter*.

Das Bewusstsein, dass wir mit allem anderen verbunden sind und dass alles sich gegenseitig beeinflusst, wächst. Die gelassene Akzeptanz der eigenen Einbettung in alles andere bringt eine freudige, helle Ruhe in Ihren Alltag.

Weitere wichtige Wirkungen der Geschichten

- *Entspannung auf allen Ebenen:* Sie ist meist tief und wird von angenehmen Empfindungen sich selbst gegenüber begleitet, man mag sich, so wie man ist.
- *Leistungsfähigkeit:* Die regelmäßige Entspannung ermöglicht es Ihrem System, die verbrauchten Energien wieder aufzuladen.
- *Selbstschutz:* Grenzen der Leistungsfähigkeit werden zunehmend deutlicher wahrgenommen und respektiert. Die Ansprüche, welche Leistungen man von sich erwartet, werden allmählich an die eigene Leistungsfähigkeit angepasst, der Organismus schützt sich dadurch vor Überlastung. Es fällt leichter, sich gegen Ansprüche anderer zu wehren.

- *Problemlösungen werden gefördert:* Hin und wieder wird nach dem Ende einer Geschichte spontan berichtet, dass sich während der Ruhe ein Problem gelöst hat. Durch die tiefe Entspannung kann sich die Kreativität, die in uns allen wohnt, entfalten. Sie zeigt sich nicht nur in farbigen Bildern und fantastischen Eindrücken, sondern wirkt auch konstruktiv, indem außerhalb gewohnter Denkbahnen Lösungen für Probleme gefunden werden.

- *Schmerzen lassen nach:* Sie klingen während der Entspannung oft völlig ab, was zunehmend häufiger auch nach dem Ende der Geschichte noch anhält. Für Menschen mit chronischen Schmerzen ist das eine erstaunliche und ermutigende Erfahrung: Offensichtlich ist der Betroffene seinen Schmerzen doch nicht völlig ausgeliefert.

- Das *psychische Befinden wird besser:* Die Stimmung hellt sich auf, Ängste verlieren ihre Kraft, beginnen bald zu verblassen. Depressive Stimmungen werden seltener und weniger tief. Das Gesicht des Entspannten ist oft von innerer Freude erfüllt, die Augen sind nach der Entspannung klar und offen, es ist angenehm, in sie hineinzuschauen: Das Gesicht wird offen, locker und ausgeglichen.

- *Psychische Verletzungen* werden unbewusst verarbeitet, so dass sie ihre negativen Auswirkungen weitgehend verlieren.

- *Linderung oder sogar Heilung* psychischer und körperlicher Erkrankungen und Symptome: Diese Wirkung ist teilweise alleine schon durch die tiefe Entspannung erklärbar, denn viele Symptome werden durch zu hohe Belastungen (»Stress«) verursacht oder verstärkt. Auf einer Ebene, die dem normalen Verständnis verborgen bleibt, sind wir in der tiefen Ruhe fähig, uns auf unbekannte Weise zu heilen, auch wenn eine Krankheit eigentlich nicht heilbar erscheint (schwere, bisher therapieresistente Schmerzen; seit Jahren kaum beeinflussbarer Tinnitus bessert sich; Sensibilitätsstörungen nach Schlaganfall klingen aus; Förderung der Heilung von Krebs).

- Das bewusste *Vertrauen in die eigenen Fähigkeiten* wird gestärkt. Dadurch kommen wir leichter in einen Zustand der Heilung und der Integration. Das wird auch bei der Verarbeitung von Traumata sichtbar. Traumatisierte Menschen sprechen nach dem Hören der Geschichten von der Erleichterung, die sie durch eine tiefe Entspannung erfahren haben. Durch die Traumatisierung war es ihnen zuvor nicht mehr möglich gewesen, sich zu entspannen. Sie waren in einem Zustand permanenter Angst und Anspannung, die auch im Schlaf nicht weichen wollte und zu Albträumen führte. Durch die milde Anregung der Geschichten, in die Ruhe zu gehen, kann Angst leichter losgelassen werden.

Um dem Organismus seinen Selbstschutz zu lassen, sollte man während der Entspannung nur so weit loslassen, wie es angenehm ist. Das Unbewusste kann sogar direkt aufgefordert werden, sich um die Gesundheit zu kümmern, indem man es innerlich bittet, belastende Erinnerungen im Vergessen zu lassen, bis sie verarbeitet werden können. Die Geschichte »Auf sich aufpassen« (S. 33) unterstützt dieses Ziel.

Wichtiger Hinweis: *Sollten Sie ein sogenanntes schweres Trauma erlebt haben, unter dem Sie noch ausgeprägt leiden, sollten Sie sich nicht alleine auf die Geschichten verlassen, sondern die Hilfe eines Psychotherapeuten suchen.*

- *Schönheit:* Was hat Schönheit mit Entspannung zu tun? Vielleicht mehr als mit Jugend, glatter Haut und gestyltem Äußeren. »Schönheit kommt von innen« lesen oder hören wir und stimmen dem irgendwie zu, ohne ausdrücken zu können, wie das funktionieren soll. Wir fühlen uns von Menschen angezogen, die für unser Empfinden zwar nicht schön, vielleicht nicht einmal hübsch sind, aber dennoch anziehend wirken. Das hat etwas mit Ausgeglichenheit zu tun, mit innerer Ruhe und Harmonie, mit Gelassenheit gegenüber starken Gefühlen und mit der Fähigkeit zu lieben.

Grundannahmen

- Alle Veränderungen geschehen durch den Hörer selbst. Die Texte wirken, indem sie den Hörer dazu anregen, besser mit sich umzugehen. Er hat (auch unbewusst) die Wahl, den Anregungen zu folgen oder sie zu verwerfen.
- Die in der Person vorhandenen Fähigkeiten werden durch die Geschichten angesprochen, sodass sie sich in der gewünschten Weise entwickeln können. Aber nicht jeder Mensch wird in der gleichen Weise reagieren. Möglicherweise möchte jemand der Anregung nicht folgen, weil es für ihn (im seltenen Einzelfall) sinnvoller ist, das bisherige Verhalten unverändert zu belassen.
- Schon alleine durch die hervorgerufene Entspannung geht es dem Hörer in nahezu allen Fällen besser.
- Die Kompetenz des Hörers in Bezug auf seine eigene Gesundheit wächst durch die wiederholte Anwendung. Die Entspannungsfähigkeit steigt, ebenso das Vertrauen in sich selbst und in die eigenen Fähigkeiten.
- Das Bewusstsein des Zuhörers wird auf angenehme Weise erweitert, indem in der Entspannung Gefühle zugelassen werden, die bisher unbewusst und oft auch Angst auslösend waren.

Zur Anwendung dieses Buches

- Die Geschichten entfalten ihre Wirkung schon während des Lesens. Am besten sucht man sich stille Momente wie vor dem Einschlafen oder in einer ausreichend langen Pause während des Tages.
- Sie dienen nicht der Aufnahme faktischer Informationen, sondern dem Loslassen, der inneren Sammlung und der ganzheitlichen Neuorientierung.

- Sie können sowohl selbst gelesen, als auch anderen vorgelesen werden. Die Wirkung ist intensiver, wenn man einfach nur zuhören kann.

- Das Vorlesen wirkt auch auf den Lesenden entspannend – umso mehr, je weniger Ansprüche er an seine Art zu lesen stellt. Auch das Besprechen von Tonträgern ist möglich. Derartige Tonträger sollten aber **auf keinen Fall** während einer Tätigkeit, bei der die bewusste Konzentration gebraucht wird, gehört werden (entsprechend sollte dann auch nicht vorgelesen werden), wie beispielsweise beim Lenken eines Fahrzeugs.

- Offene Augen können das Gefühl, die Kontrolle über das Geschehen zu haben, verstärken und ein anfangs vielleicht ungewolltes tiefes Absinken verhindern. Bei Angst vor tiefer Entspannung sollten die Augen so lange geöffnet bleiben, bis von selbst genügend Vertrauen entstanden ist, sodass sich die Augen von alleine schließen können.

- Wann immer möglich, sollte **im Liegen** und auf einer weichen Unterlage entspannt werden. Die Halswirbelsäule sollte gerade liegen, was durch ein unter den Kopf gelegtes Handtuch oder ein kleines Kissen leicht einzurichten ist.

- Sowohl das Lesen als auch das Vorlesen sollten langsam geschehen. Es geht nicht um die Informationsaufnahme, sondern um das Spüren in die Gefühle und den Körper hinein: den Wirkungen der Worte nachspüren – ohne Erwartungen und ohne Bewertungen. Längere Pausen sind durch Absätze gekennzeichnet. Die Länge der Geschichten liegt etwa zwischen zehn und zwanzig Minuten.

- Falls nach Lesen oder Hören nicht geschlafen wird, sondern die Aufmerksamkeit wieder für Alltagsaufgaben benötigt wird, insbesondere in Situationen, **in denen eine Ablenkung gefährlich sein könnte** (zum Beispiel im Straßenverkehr oder bei der Bedienung von Maschinen), ist unbedingt auf eine sorgfältige Rückführung zu achten, wie sie oben beschrieben wurde.

- Das (Vor-)Lesen **mehrerer Geschichten hintereinander** führt in eine wesentlich tiefere Entspannung, in der tiefer liegende unbewusste Gefühle und Gedanken bewusst werden können. Obwohl das nur sehr selten zu unangenehmen Empfindungen führt, sollten nur ausgebildete Psychotherapeuten mehrere Geschichten aufeinander folgend ohne Pause vorlesen!

- Wenn eine Geschichte vor dem **Einschlafen** vorgelesen wird, dann wird durch ein sehr ruhiges Sprechtempo und im Verlauf der Geschichte länger werdende Pausen das Einschlafen gefördert. Falls Lehrer die Geschichten für eine Entspannung vor der nächsten Stunde nutzen wollen, in der die Kinder wieder wach und aktiv sein sollen, ist eine Vorlesedauer von fünf bis höchstens zehn Minuten geeignet. Nach jeder Geschichte werden die Kinder aufgefordert, sich wieder **in den wachen Alltag zurückzuorientieren**. Dafür lassen sie ihnen ein bis zwei Minuten Zeit.

Vor jeder Geschichte steht jeweils eine kurze Zusammenfassung angestrebter Wirkungen. Indem man sich mit diesen Absichten bewusst auseinandersetzt, sich also fragt, welchen Sinn sie für das eigene Leben haben können oder wie man sie erreichen könnte, verstärkt sich die Wirkung der Geschichte. Die bewusste Orientierung auf die Themen vor dem Hören oder Lesen erleichtert die Zusammenarbeit zwischen Verstand und unbewussten Potenzialen.

Die Geschichten sind im Folgenden in unterschiedliche Bereiche gegliedert, für die sie jeweils besonders wirksam sind.

1 Eine Entspannung zuverlässig einleiten und vertiefen

Die Ruhe im Wasserglas

Anregungen: Unruhe kann sich besser legen, wenn man sie akzeptiert; dort wo Unruhe sich legt, entsteht Klarheit in der Wahrnehmung; eine beruhigende und klärende Beobachterposition zu sich selbst einnehmen; Veränderungen geschehen lassen; eigene Fähigkeiten wiederentdecken.

… und ohne dass du etwas Bestimmtes denken oder tun musst, bewegst du dich in einen Zustand der Ruhe, wie du ihn kennst. Es wird stiller, weniger stürmisch in deinen Gedanken …

so wie in einem Wasserglas, in dem Sand und Wasser gemischt sind. Wenn du dieses Wasser umrührst mit einem Löffel oder einer Gabel, werden die Teile aufgewirbelt. Die kleinen und die weniger kleinen Sandteile drehen sich mit dem Wasser …

wenn du aufhörst zu rühren, hört das Wasser mit einer Zeitverzögerung langsam auf, sich zu drehen. Es wird allmählich ruhiger und die Teilchen schweben eines nach dem anderen langsam nach unten, sinken auf den Boden und kommen dort in eine recht stabile Ruhe … mit ihrer ganzen Schwere …

wenn du genau hinschaust, siehst du vielleicht ein Muster, das die Sandteilchen bilden, während sie hinunter sinken. Durch die Bewegung des Wassers mag sich ein gleichmäßiges Muster am Boden bilden. Die schweren Teilchen sinken zuerst nach unten. Übrig bleiben dann nach einiger Zeit feine Stoffe, die im Wasser fast schwerelos schweben, die nur wenig schwerer als das Wasser selbst sind. Sie trüben das Wasser für den Blick, das Auge kann nicht ungehindert hindurchschauen, wie ein

31

dichter Nebel ... und wenn du lange genug wartest, dann setzen sich auch diese kleinen und kleinsten Teilchen auf dem Boden ab ... sie sinken durch ihre eigene Schwere tiefer ...

das Wasser wird dadurch immer klarer und du kannst dir schon jetzt alle Zeit nehmen, die du brauchst in diesen Minuten, um das geschehen zu lassen ... denn deswegen bist du ja auch hier, um dir einmal Zeit zu nehmen oder zu lassen, um die Dinge geschehen zu lassen ...

um zu beobachten, wofür du sonst keine Zeit übrig hast. Dinge, die sonst meist unbemerkt an dir vorübergehen, geschehen lassen ... die verschiedenen Teile sinken lassen, in ihre eigene Schwere ... tief hinunter auf den Boden ... auf den Grund ...

die einzelnen Teilchen im Wasserglas richten sich sowieso nicht danach, wie wir es gerne hätten, nach der Eile, die oft in uns ist. Sie haben ihre eigenen Gesetze, ihre eigene Zeit, vielleicht ihr eigenes Bewusstsein ... und dann, wenn wir sie sein lassen, dann kann es geschehen, wie es ihnen entspricht. Sie kommen zur Ruhe, sinken in ihrer ganzen Schwere nach unten ...

und so kannst du für manche Momente in dir die Fähigkeit wiederentdecken, dich dem Lauf der Teilchen anzupassen, die Dinge geschehen zu lassen ... dich über die zunehmende Klarheit im Wasser freuen ... den Durchblick sehen, der mehr und mehr möglich wird, durch die zunehmende Ruhe im Wasserglas ...

und irgendwann ist es so, als wäre gar kein Sand im Wasser, denn er liegt auf dem Boden. Alle Teilchen liegen auf dem Boden, bedeutungslos für die klare Sicht. Das Wasser ist ruhig geworden ... du kannst die Dinge klarer sehen ...

und so kannst du dann, nachdem dein Blick irgendwie klarer geworden ist, das Glas dort so stehen lassen, in aller Ruhe wieder hierher zurückkehren ... und dabei mit jedem Atemzug ein bisschen frischer und klarer werden ...

Auf sich aufpassen

Anregungen: sich selbst vor Überlastungen und Gefahren schützen wollen; ein gutes Gefühl dafür entwickeln, was man sich in welcher Situation zumuten kann; sich erlauben, dem auszuweichen, was nicht guttut; mit Problemen dann umgehen, wenn man der Herausforderung gewachsen ist; lernen, sich zu spüren; sich erlauben, verletzende Ereignisse zu vergessen, bis man in der Lage ist, sie zu bewältigen.

… ohne unbedingt verstehen zu müssen, wie die Dinge im Einzelnen zusammenhängen, lässt du dich auf die folgenden Eindrücke ein – so weit, wie es sich für dich gut anfühlt. Während du hier bist, in deinem Körper, kannst du spüren, mehr oder weniger deutlich, wie deine Glieder sich an die Unterlage anpassen, wie dein Körper einfach nur so da liegt, angenehm schwer und wohlig warm …

und an manchen Stellen ist die Spannung noch stärker, an anderen kannst du sie schon leichter loslassen …

deshalb ist es wichtig, dass du auch in Ruhe gut auf dich aufpasst, auch wenn das nicht vollständig bewusst geschehen kann, denn über viele Körperfunktionen hat das Bewusstsein nur eine indirekte Kontrollmöglichkeit …

deshalb ist es wichtig, dass du den Vorsatz auch bewusst hast, auf dich aufzupassen, um dein Unbewusstes dabei zu unterstützen, denn häufiger bist du in Situationen, in denen du eine Entspannung genießen kannst, dann fließen die Gedanken freier …

viele neue Ideen entstehen dabei, die sonst durch die Masse der Eindrücke keinen Weg ins Bewusstsein finden … Probleme lösen sich dabei oft unbemerkt, du wachst auf, aus dem Schlaf oder aus einem Tagtraum, bist gründlich erholt und weißt plötzlich von irgendwoher die Lösung für ein Problem, das dich schon lange beschäftigt hat, die Lösung wurde auf einer tieferen

Ebene in dir erarbeitet, ohne Beteiligung des Bewusstseins, und reif zur Umsetzung wurde es dort dann hineingereicht ...

und es ist auch in der Entspannung wichtig, bestimmte Gedanken und Gefühle auszusortieren, bevor sie bewusst werden, das erledigt dein Unbewusstes normalerweise sehr gut, es hat viel Übung darin ...

denn jedes Ding hat wenigstens zwei Seiten und eine Zeit lang können wir manchmal nur die schwierige Seite von einem Ereignis sehen, diejenige, die uns belastet. Erst später, in einem fortgeschrittenen Stadium der Verarbeitung können wir auch die anderen Seiten sehen. Deshalb ist unsere Fähigkeit, etwas zu vergessen, eine Fähigkeit, die uns oft schützt ...

die es uns erlaubt, den Blick dorthin zu wenden, wo Dinge zu sehen sind, die uns guttun und uns helfen, zu wachsen und zu gedeihen, von innen zu heilen und manchmal auch Ruhe zu genießen ...

und gerade in solchen Momenten wie jetzt, wenn die Spannung nachlässt, ist diese Fähigkeit besonders wichtig, damit du die Pause gut genießen kannst, während dein Körper sein Gewicht der Unterlage anvertraut ... angenehm schwer oder leicht und wohlig warm ...

deshalb gebe ich der zuständigen Instanz in dir jetzt den Auftrag, immer dann, wenn du dich tief entspannst, besonders gut auf dich aufzupassen, die Dinge, für die dein Bewusstes noch nicht bereit ist, außerhalb des Bewusstseins zu lassen, sie mit der nötigen Sorgfalt auf einer Ebene verarbeiten, die für dich gut ist ... und sie erst dann in dein Bewusstsein kommen zu lassen, wenn du gut damit umgehen kannst ...

sodass du dich jetzt ein Stück weit treiben lassen kannst, mit dem Wissen, jederzeit wieder zurückkommen zu können, wenn du das möchtest ...

um dich gründlich zu erholen, bei schönen Eindrücken, die deine Vorstellung oder deine Erinnerung in das Bewusstsein hinein reicht ...

vielleicht ist es auch angenehmer für dich, wie in einem traumlosen Schlaf dich gründlich zu erholen …

um diese Dinge dann für den Moment abzuschließen … und sie bei jeder weiteren tiefen Entspannung zu nutzen, um gut auf dich aufzupassen … und so kommst du jetzt in deiner eigenen Geschwindigkeit wieder hierher zurück, erholt und gestärkt und gut in dich selbst integriert …

Abtropfen lassen

Anregungen: Förderung der Wahrnehmung für die Vorgänge in der Natur; auch diejenigen intensiven Gefühle zulassen, die eine innere Klärung bringen können; das Bewusstsein wird klarer; das, was um dich herum geschieht, mit Abstand in Ruhe beobachten; angenehme Wärme im Körper entstehen lassen; Freude an sich selbst haben; sich öffnen für das Schöne in der Natur und in sich selbst; die guten Gefühle in den Alltag mitbringen.

… draußen vor dem Fenster rutschen und fallen nach einem Gewitterregen die dicken Tropfen von den Blättern …

nachdem das einzelne Blatt sich von dem Nass genommen hat, was es braucht, fallen die übrigen Tropfen auf den Boden, mit einem lauten Platschen, manchmal …

und nachdem die Aufregungen und Anstrengungen des Tages jetzt erst einmal vorüber sind, tropfen und rutschen sie von dir ab. Sie fallen zu Boden, manche hinterlassen ein deutliches Gefühl der Erleichterung …

weil die Zeit sie verdunsten lässt, ähnlich wie die Wassertropfen, die sich auflösen, wenn sie von der Sonne erwärmt werden …

und mit jedem Tropfen, der fällt oder rutscht … wird dein Bewusstsein freier und klarer … und deshalb kann dein Bewusstsein sich für die Ruhe und für die Erleichterung öffnen, diese Dinge hinter sich zu haben …

um in Ruhe zu beobachten, wie die schweren und dunklen Wolken sich öffnen und die Sonne durchlassen, die mit ihrem hellen Schein die Schatten entstehen lässt und das Dunkle erhellt und das Wesen der Dinge kraftvoll erwärmt …

es arbeiten verschiedene Kräfte an diesen Veränderungen, der Wind zieht die Wolken auseinander … die gefallenen Tropfen haben sie erleichtert und die Sonne scheint kräftig von oben und öffnet mit ihrer Wärme und ihrem Licht … so kannst du jetzt den Moment genießen, während du einfach nur hier liegst, angenehm schwer oder leicht und wohlig warm …

denn ich weiß nicht, wo in deinem Körper sich der momentane Genuss so richtig gut anfühlt, in den Zehen sicher etwas anders als in den Schultern, oft ist es besonders intensiv im Bauch, warm kribbelnd, als ob die Sonne dort leichter hineinkommt …

eine eigene kleine Sonne erschafft Wärme im Bauch, die sich wellenförmig nach oben und unten ausbreitet …

der Nacken und die Schultern können ihre Spannungen loslassen, der Druck fließt ab, die Haut und der ganze Körper öffnen sich für Wärme und Genuss, öffnen sich für den Genuss des Lebens an sich … so schnell oder langsam, wie es schön ist für dich …

da ist die Freude, sich zu fühlen in der eigenen Wärme, Frische atmend, sich sinken lassen können …

sich öffnen für Träume und Licht …

und über dein Empfinden breitet sich eine Welle leichter Farbe aus, als ob die Sonne nun auch in dich hineinscheint, vielleicht überwiegend gelb-orange, denn Genuss birgt auch Ruhe und Kraft in sich selbst …

und vielleicht öffnet sich jetzt ein Fenster oder eine Tür in dir, sodass du die Weite des blauen Himmels und der grünen Wiesen sehen kannst, spüren kannst … den gemächlichen Flug der leichten Wolken, die nach dem Gewitter übrig geblieben sind, nachdem sich die schweren entleert und verzogen haben, vielleicht die sichere Geborgenheit eines alten Baumes, der sich erleichtert ausbreitet …

mit seinen grünen Zweigen, in einer Landschaft, die durch ihn selbst schön ist …

während du einfach hier liegst, in der Wärme und Geborgenheit des Raumes, angenehm schwer oder leicht und wohlig warm …

und noch immer, hin und wieder, ein Tropfen herunterfällt …

und so kannst du die Ruhe genießen, lässt sie sich ausbreiten, in alle Winkel deines Körpers, kannst dich ihr weiter öffnen, innerhalb deiner Grenzen und einfach dich selbst genießen …

kannst vielleicht die Kraft spüren, die aus der Ruhe erwächst, durch sie geboren wird und in ihr gedeiht …

um einiges davon mitzubringen, während du dich in deiner eigenen Geschwindigkeit wieder hierher zurückorientierst … dabei mit jedem Einatmen frischer und klarer wirst …

Atem loslassen

Anregungen: Der Körper weiß, wie er den Atem loslassen kann, deshalb kannst du es ihm überlassen, kannst ihm vertrauen; das Loslassen genießen; mit dem Ausatmen insgesamt Spannung loslassen; den eigenen unbewussten Fähigkeiten vertrauen; auch das Loslassen loslassen; der Atem ist eine Verbindung zur Natur, vielleicht auch zu Wissen und Weisheit aus der Natur; den Atem zur Heilung und Klärung nutzen.

… und weil dein Körper weiß, ohne dass du es bewusst wissen musst, was er tun muss, damit deine Atemmuskeln ihre Spannung loslassen, kannst du ihnen erlauben, es jetzt auch zu tun. Den Atem gut ausströmen lassen, nach einer kleinen Pause den Atem wieder einströmen lassen …

dabei genießen, wie der Bauch sich hebt und danach ein klein wenig auch die Brust und ihn wieder loslassen, der Bauch sinkt hinunter ... und auch die Brust ...

den Atem loslassen, spüren wie er ausströmt und die Atemmuskeln zur Ruhe kommen, für einen Moment ...

und der Bauch beginnt sich wieder zu heben, und die Brust, und wieder loslassen und immer so fort ...

und mit dem Ausatmen kannst du dich ein Stück weit treiben lassen, in den Moment hinein ... in die körperliche angenehme Schwere oder Leichtigkeit und wohlige Wärme ...

mit dem Ausatmen tiefer loslassen ...

und wie es wohl wäre, wenn du deinem Körper, deiner Seele, deinem Geist und was sonst dazugehören mag, erlauben würdest, sich optimal um sich selbst zu kümmern ...

und du kannst deinen Atem dazu nutzen, der schon so lange fließt, ein und aus ...

mit dem Ausatmen Spannung loslassen, im Bauch, ihn sinken lassen ... in den Schultern loslassen, im Nacken auch ... und Wärme strömen lassen ...

und Spannung loslassen und dabei den Atem in deinen Bauch strömen lassen, der Bauch wölbt sich dabei nach außen, mit dem Ausatmen loslassen ... dabei hinuntersinken, in eine angenehme Schwere und wohlige Wärme, jetzt ...

und es ist natürlich wichtig, das Loslassen nicht zu wichtig zu nehmen, das Loslassen nicht aktiv zu betreiben, sondern das Loslassen loszulassen, damit der Körper auf seine Art loslassen kann ...

während der Atem strömt, auf eine Weise, wie ein warmer Wind ein Segel füllt und das Boot vor sich her trägt, es anhebt und trägt, wie ein leichtes Blatt über die Bewegung der blaugrünen Wellen, über die weiße Gischt, zu den Wolken ... zu den Zielen ...

und den Bauch mit wohliger Wärme füllt und weiterströmt, in die Brust und die verbrauchte Luft dann gut ausströmen kann, mit dem Loslassen ...

und vielleicht erinnert sich etwas in dir an einen dieser schönen Momente in deinem Leben, wo du irgendwo ganz ruhig gelegen hast, in der warmen Sonne ...

und deinen Atem strömen lassen kannst, in seiner eigenen Geschwindigkeit, er dich beim Ausatmen verbindet, mit der warmen Erde unter dir ...

und dich beim Einatmen verbindet, mit der frischen Luft, die Teil der ganzen Luft der ganzen Erde ist ... so wie dein Körper sie braucht, in jedem Moment anders ...

und deinen Atem strömen lassen, während die Sonne deine Kleidung erwärmt und deine Haut ...

während der Atem dich mit Leben versorgt, mit frischer Luft ... die erzeugt wurde im Meer, in den Blättern der Bäume irgendwo in deiner Nähe, die sich über deinen Atem mit dir verbindet, dir Dinge mitteilt, von der Welt, die dein Unbewusstes versteht, irgendwie ...

und wer weiß ... vielleicht freut sich dabei etwas in dir ... auf jeden neuen Atemzug ... mit dem es etwas Neues oder Bekanntes erfährt, über die Dinge der Welt, wie sie sich verändern ...

vielleicht ist das der eigentliche Grund dafür, dass wir atmen ...

und es gibt weise Menschen überall auf der Erde, die sagen, dass mit dem Atem reine Energie fließt, die dich heilt und dich klärt, auf allen Ebenen und mit jedem Atemzug mehr ...

und es tut gut, es geschehen zu lassen, auch jetzt ...

und so kannst du auch jetzt deinen Atem dorthin strömen lassen, wo du ihn brauchst ... ruhig, unbewusst ... jetzt und auch zu anderen Zeiten ...

und du kannst mit dem Ausatmen Spannung loslassen, Wärme strömen lassen ...

und du wirst dich dann allmählich wieder hierher zurückorientieren ... mit dem Einatmen Frische aufnehmen, sie in deine Muskeln strömen lassen ... und in die Nerven ... und so in deiner eigenen Geschwindigkeit jetzt wieder ganz wach werden ...

Ruheraum

Anregungen: sich einen inneren Raum der Ruhe vorstellen und ihn ideal gestalten; ein für dich in jeder Hinsicht sehr freundlicher Raum, der dich vor allem schützt, das dir unangenehm ist; dort tief ausruhen und die Dinge geschehen lassen, die gut für dich sind; die dazu notwendige Steuerung aus der tiefen Weisheit des Unbewussten zulassen; Frische und Erholung entstehen lassen und fühlen; auch im wachen Zustand kann dieser Raum später aufgesucht werden, weil er immer bei dir ist.

... und so kannst du nun in deinen inneren Ruheraum gehen, den jeder von uns in sich hat, in dem du schon oft gewesen bist, vielleicht ohne es je bewusst zu merken ...

und vielleicht ist es dazu notwendig, dass du es auch jetzt nicht bewusst bemerkst, wie du dort hinkommst ... und vielleicht ist es hilfreich, dass du noch ein Stückchen tiefer hinuntergehst, oder hinauf, in deine Ruhe ...

und so kommst du jetzt allmählich in deinen inneren Ruheraum, es ist ein idealer und sehr freundlicher Raum, in dem du sicher und geschützt bist, vor all dem geschützt bist, das unangenehm ist, sicher und geborgen ...

er ist genau so, wie er speziell für dich sein muss, dein Ruheraum eben, damit du dich geborgen und sicher fühlst und ausreichend weit loslassen kannst ...

deine Sorgen werden vor der Tür gelassen, vielleicht in Schließfächer gelegt, aber du kannst sie auch mitnehmen, diejenigen, von denen du dich nicht trennen kannst, oder willst, das ist hier so üblich ... dass sehr respektvoll und liebevoll mit dir umgegangen wird, denn es ist wichtig und richtig so ... und so betrittst du diesen Raum in deiner Vorstellung ...

und ich weiß nicht, wie dein Raum aussieht, er könnte ein komfortables Hotelzimmer sein, oder ein kleines Zimmer in einer Burg, umgeben von dicken Mauern, oder auch ein abgelegenes Klosterzimmer, geschützt von Gott, es ist vielleicht aber auch einfach eine schöne, heimelige Küche oder eine Höhle in einem Berg ...

vielleicht ist der Raum hell oder dämmrig und wie er sich anhört, wie er sich anfühlt, so wie es gut ist für dich ...

bestimmt steht ein schönes Bett darin, mit einer sauberen und warmen Decke und welcher Geruch in ihm deine Ruhe vertieft ... vielleicht gibt es einen offenen Kamin, der Wärme und gedämpftes Licht verbreitet ... ich könnte mir auch vorstellen, dass da irgendwo Blumen einen guten Geruch in die Luft abgeben, der deiner Nase gut gefällt ...

vielleicht hat der Raum auch einen besonderen Geschmack der Ruhe, wenn es das überhaupt gibt, einen Geschmack der Ruhe ... vielleicht möchte sich dein Bewusstes jetzt einmal damit beschäftigen, in den nächsten Minuten, in der Weite der unbewussten Erfahrungen ...

während sich andere Teile des Unbewussten mit dem beschäftigen, was hier wirklich wesentlich ist ...

so legst du dich nun in deiner Vorstellung in diesem Raum der geborgenen inneren Ruhe auf die weiche und warme Unterlage ... und lässt dich so tief in deine Ruhe hineinsinken, wie es für dich im Moment gut und richtig ist ... damit alles getan werden kann, was deine Gesundheit fördert ...

und es kann sich manchmal von einem Moment zum anderen ändern, was dazu getan werden muss ... denn auch in diesem Punkt ist Verlass auf die Mechanismen in deinem Unbewussten, denn dein Unbewusstes ist ein wahrer Künstler darin, Gutes für dich zu tun ...

und es erhält jetzt die Freiheit und den Auftrag, seine ganze Kreativität und deine Fähigkeiten spielen zu lassen, dieser Künstler in dir, damit deine Gesundheit jetzt optimal gefördert wird, und zwar die körperliche und die psychische Gesundheit, und alles in dir sich so zusammenfügt, dass es zu deinem Wohle zusammenarbeitet ...

es gibt etwas Außergewöhnliches an diesem Ruheraum, das sonst kaum zu finden ist ... er bringt eine außergewöhnlich erfrischend tiefe Erholung, sobald du ihn dir nur vorstellst, beginnt schon nach wenigen Sekunden eine tiefe Erholung sich auszubreiten ... wie du es aus guten Nächten kennst, tiefe Ruhe und Erholung in deinem ganzen Körper und Empfinden ...

Gedanken verblassen dabei und klingen aus, der Kopf wird frei, wohltuende Stille entsteht, manchmal verbunden mit schönen Bildern ... Energie beginnt sich in dir zu sammeln, anfangs noch unbemerkt, für die wirklich wichtigen Dinge steht sie dann bereit ...

du weißt davon auf einer tieferen Ebene, manchmal geschehen wunderbare Dinge, die unser Verstand nicht so recht glauben kann, und sie geschehen doch, deshalb kannst du dich in der nächsten Minute tief sinken lassen ... dich der Weisheit deines Unbewussten anvertrauen, das das Wichtige und Richtige tut, für deine Gesundheit und Integrität ...

und später, in deinem Alltag, wird es genauso sein, sobald du nur an ihn denkst, an diesen Ruheraum in dir, wirst du spüren, wie eine tiefe Erholung, mit allem, was dazugehört, sich in dir ausbreitet ... deine Muskulatur wird sich lockern und nur dort Spannung aufnehmen, wo es für den Moment notwendig ist ...

deine Gedanken werden frei und ein tiefes Gefühl der Erholung breitet sich in dir aus ... einfach indem du an ihn denkst, an deinen inneren Ruheraum, den du immer bei dir hast ...

und weil das so ist, kannst du jetzt damit beginnen, dich wieder hierher zurückzuorientieren, schließt diese Dinge für den Moment ab ... nimmst dir dafür ausreichend Zeit innerhalb der nächsten ein oder zwei Minuten ...

stehst in deinem Ruheraum allmählich von deiner Unterlage auf, vielleicht bedankst und verabschiedest du dich freundlich ... und während du jetzt hierher zurückkehrst, in deiner eigenen Geschwindigkeit, merkst du dir unbewusst gut den Weg, sodass du ihn immer schnell beschreiten kannst, wenn du es brauchst, oder einfach möchtest …

und so integrierst du dich jetzt, dazu fügt sich zusammen, was zusammengehört, bringst Wachheit mit …

und du wirst mit jedem Einatmen und mit jedem Schritt frischer und klarer … und mit dem Öffnen deiner Augen bist du ganz wach und klar …

Wassertropfen im See

Anregungen: Tropfen, die in einen See fallen wirken beruhigend, wenn du es beobachtest; die Ruhe wird mithilfe der Erinnerung an die Auswirkung von Ruhe tiefer; der ewige Kreislauf des Wassers relativiert die eigenen Sorgen und beruhigt; das Wasser in uns verbindet uns mit der ganzen Natur.

… du kannst deine Gedanken kommen lassen, vielleicht kommen sie von links und gehen nach rechts oder von vorne nach hinten oder umgekehrt, während du hier liegst, angenehm schwer und wohlig warm … kannst du vor deinem inneren Auge einen See entstehen lassen, vielleicht aus deiner Erinnerung oder aus einem Traum, einen See mit spiegelglattem Wasser entstehen lassen …

einen See, in den ein Wassertropfen fällt, und der Tropfen, wie er hineinfällt, lässt kleine Wellen entstehen, die sich ausbreiten, gleichmäßig in alle Richtungen, vollständig gleichmäßig für dein Auge …

während der Tropfen hineinfällt, im Moment des Aufpralls, verformt er das Wasser durch sein Gewicht und löst dabei diese gleichmäßigen Wellen aus, die sich wegbewegen vom Ort des Eintauchens …

und dort, wo der Tropfen hineingefallen ist, ist das Wasser als erstes wieder ruhig, während die Wellen sich weiter ausbreiten, sich dabei immer weiter von ihrem Ursprung entfernen …

und mit jedem Tropfen, der hineinfällt, wird der See größer, unmerklich, man könnte es sicher nicht einmal messen, seine Zunahme durch einzelne Tropfen, und doch, mit jedem Tropfen wird er größer und ein bisschen tiefer …

und ich weiß nicht, ob es überhaupt jemanden gibt, der weiß, woher dieses Gefühl der Ruhe kommt, das ein solcher See allen vermitteln kann, die sich die Zeit geben, sich hinzusetzen und ihn auf sich wirken zu lassen, in seiner ewigen Stille und so außergewöhnlich tiefen, milden Ruhe …

und mit jedem Tropfen, der hineinfällt, wird er größer und mit jedem Tropfen, der hineinfällt und sich verbindet, der eins wird mit dem ganzen Wasser im See, der die Wellen hervorruft, die sich gleichmäßig in alle Richtungen ausbreiten, verändert er sich, denn der Tropfen bleibt nicht an dieser einen Stelle. Er verbindet sich mit dem ganzen Wasser, wird Teil davon, untrennbar, hört auf, als Einzelner zu existieren, und so kann der See derselbe bleiben und mit jedem Tropfen verändert er sich und das Auge sieht es nicht …

und dein Körper, mehr vielleicht noch deine Seele, nimmt die Ruhe auf, die von ihm ausgeht, er vermittelt ein Gefühl von Ewigkeit, still wie er dort liegt, seit Hunderten von Jahren, ähnlich wie das Läuten von Kirchenglocken oder die Beständigkeit von uralten Bäumen, von manchen Menschen auch …

und eine gewisse Gelassenheit gibt dieser See, der mit jedem Tropfen tiefer wird und anders wird und doch gleich bleibt für das Auge und er selbst ist vollständig gelassen …

und wenn etwas von ihm abgegeben wird, in die Luft, in die Pflanzen um ihn herum, in den frühen Morgenstunden, in der Abenddämmerung, im Herbst und Frühjahr als Nebel, im Sommer unsichtbar, im Winter gebunden als Eis, was ständig geschieht …

so geht es nicht verloren, an einer anderen Stelle kommt es wieder herunter, als Tropfen, als Regen, Schnee oder Hagel und bildet irgendwo anders eine Pfütze oder einen See, gemeinsam mit vielen anderen Tropfen oder Schneeflocken, oder macht einen See tiefer und verändert ihn damit ...

und so war jeder Wassertropfen im Laufe der Millionen Jahre schon verbunden mit jedem anderen Tropfen Wasser, so könnte man sagen, jeder Wassertropfen ist eins mit allen anderen Wassertropfen ... auch deshalb kannst du die Ruhe genießen, während ein Tropfen nach dem anderen fällt, irgendwo, und der See immer die gleiche Ruhe ausstrahlt, weil er die Tropfen trinkt und sich dabei unmerklich verändert ...

und dann, nachdem du es für dich in Ordnung gebracht hast so, nimmst du einen guten Teil mit von der tiefen Ruhe des Sees, tief in dir, gut platziert an der richtigen Stelle ...

und kommst damit in deiner eigenen Geschwindigkeit in aller Ruhe hierher zurück ... und wirst mit dem Einatmen frischer und klarer ...

Schneestille

Anregungen: Etwas an sich Unangenehmes hat auch sehr positive Seiten; Empfinden von wohltuender Stille – mit allen Sinnen; das innere Streben beruhigt sich; die äußere Hektik ebenfalls – ihr Sinn wird implizit infrage gestellt; gute Nähe zu sich selbst entstehen lassen.

... obwohl es ein Beweis für Kälte ist, die der Mensch instinktiv nicht sehr mag, wenn wir morgens aufwachen und alles ist weiß vom Schnee, zumal wenn wir nicht mit dem Auto fahren müssen, dann wird die Stimmung aufgehellt, vielleicht durch die Helligkeit des Schnees, oder auch, weil der Schnee so manches zudeckt, weil er eine einheitlich weiße Fläche schafft ...

und so bringt er eine gewisse Stille für das Auge, wohltuende Stille für den Blick, das Auge kann frei schweifen ... wenige graue Straßen, auch die sonst kahlen Büsche und Bäume sind weiß bedeckt, und wenn der Schnee alles zudeckt, kann das Auge gleiten, frei über die weiße Fläche gleiten, wie ein Vogel im Schwebeflug …

und so ist es ruhiger für das Auge, wenn eine weiße Schneedecke die Linien und das Grau zudeckt, die Formen werden weicher, sanfter durch den Schnee und die Entfernungen relativieren sich etwas …

und auch für das Ohr wird es ruhiger, wenn der Schnee die Straßen bedeckt und die Felder, die Bäume, denn der Schnee schluckt oder dämpft die Geräusche …

und so ist es für das Ohr wohltuend, wenn es geschneit hat und alle Geräusche draußen schwächer werden, irgendwie runder, irgendwie friedlicher …

und wenn es so richtig viel geschneit hat und die Straßen vielleicht auch noch glatt sind, dann wird es auch für unsere Absichten, für unsere Vorhaben stiller, weil wir uns da draußen nur langsam, am besten sogar gar nicht vorwärts bewegen und so können wir manches, das sonst dringend zu erledigen gewesen wäre, auf später verschieben und also kehrt auch in die alltägliche Hektik etwas Stille ein, durch den Schnee …

und selbst für den Geruch bedeutet der Schnee eine Ruhepause, denn er bedeckt auch so manche Geruchsquelle, deshalb kannst du dich jetzt insgesamt ausruhen, ein paar Minuten lang tief ausruhen …

sicher ist nicht nur das Weiß der Grund dafür, dass eine schneebedeckte Landschaft als eine friedliche Winterlandschaft bezeichnet wird, es ist so schön, warm eingepackt in einem schneebedeckten Wald spazieren zu gehen, unter den warmen Schuhsohlen zu spüren, wie der Schnee bei jedem Schritt nachgibt, dabei das Knirschen hören, und die friedliche weiße Landschaft vor dir, um dich herum … und das Geräusch, wenn ein Ast seine Schneelast fallen lässt …

das Glitzern des Eises in den Sonnenstrahlen, der Dunst des Atems und so ist der gedankliche Kontakt mit sich selbst, mit den eigenen Gefühlen bei einem Spaziergang im Schnee manchmal viel unmittelbarer ... tut es gut, bei sich zu sein ...

um dann hinterher, nach der Wanderung, sich in einem warmen Raum aus dem Mantel und aus den anderen Kleidungsstücken herausschälen, das Prickeln in der Haut spüren, das sich ausbreitet durch die Wärme und die wohlige Trägheit ...

und so kannst du sie genießen, die warme Trägheit, während dein Körper Energie aufnimmt in der Ruhe ... du lässt dich für diesen Moment ein Stück weit treiben ...

um dich dann wieder zu sammeln, dich dabei bereit machen für den Alltag ... und wach zu werden, so schnell oder langsam, wie es gut ist für dich, jetzt ...

2 Unseren Körper spüren, ihn würdigen und durch ihn genießen

Wir nehmen uns und die Welt durch die Sinne unseres Körpers wahr. Diese Geschichten sollen dazu anleiten, uns bewusst zu werden, wie wertvoll es ist, unsere Sinne zu pflegen und durch die Wahrnehmung Freude entstehen zu lassen. Daraus lässt sich ableiten, dass wir umso mehr Freude am Leben haben, je mehr wir uns mit unserem Körper identifizieren – so wie er ist. Gefühle der Dankbarkeit und der Liebe für die einzelnen Teile unseres Körpers und für ihn als Ganzes helfen uns, uns in der Welt und in uns selbst wohlzufühlen.

Ohren brauchen nicht hören

Anregungen: Auch die Ohren können sich wohlfühlen; bestimmte Töne erfreuen das Ohr besonders, auch die Erinnerung daran; das wohlige Gefühl der Wärme erhöht die Durchblutung (und kann Ohrgeräusche zum Abklingen bringen); die Ohren hören verschieden, sie haben Fähigkeiten; so vieles erfreut dich und tut dir gut, wenn es über die Ohren in dein Bewusstsein gelangt; sie waren und sind immer für dich da und haben es sich verdient, dass es ihnen gut geht; so wie es auch dir gut gehen darf.

… und weil du mir nicht konzentriert zuhören brauchst, wie du es von vielen Gelegenheiten kennst, hört das Ohr auch dann, wenn dein Bewusstsein mit etwas anderem beschäftigt ist. Denn die Wärme der Sonne erfreut auch deine Ohren, bis tief hinein in das Ohr strahlt sie ihre Wärme …

wohltuend fördert sie das Strömen der Wärme, öffnet dein Ohr für Wohlgefühle …

und es mag ihm vorkommen wie ein schöner Klang, fein und ausgewogen, wie von einer alten wissenden Geige … oder eher dumpf, wie beim Ausklingen der kräftigen Saite einer Harfe … oder dem tiefen Ton einer Orgel in einem weiten, hohen und stillen Kirchengewölbe …

wenn die Sonne ihr helles Licht scheinen lässt, durch eines der farbigen Fenster, auf die alten Mauern ihr Muster zeichnet … auf die alten staubigen Mauern …

und sie scheint selbst durch die Knochen in den Körper hinein, tief hinein, wärmt deine Ohren umfassend tief …

und ich weiß nicht, welches deiner Ohren lieber die hellen Töne mag und welches lieber die dunklen … und vielleicht arbeiten deine beiden Ohren da gut zusammen, so wie sonst auch, wenn sie dir ein schönes Gefühl vermitteln, indem sie eine schöne Musik hören …

oder das Lied der Amsel an einem lauen Sommerabend … oder den Gesang der Nachtigall, die im Dunkeln klingt wie eine weiche, vielfach geschwungene Landschaft, sodass es leichter fällt, sich zu spüren und anzunehmen …

und so oft in deiner Vergangenheit hast du auf einer Bank gesessen, im Frühling am Abend, im gelben oder schon rötlichen Sonnenlicht …

und hast der Natur zugehört und dir die Landschaft angeschaut, deinen Blick schweifen lassen … dich gefreut an den Farben der Blätter und Blumen … an der Wärme, dem Geruch und den Geräuschen der Natur …

und wie selbstverständlich hingenommen, was deine Ohren dir gaben, an guten Gefühlen, durch das Aufnehmen, das Hören, das Zulassen …

und der Klang deines Namens, wenn jemand ihn ausspricht, der dich wirklich mag, seine Liebe in den Namen hineinlegt …

deine Ohren empfangen sie und geben sie an dich weiter ...
es ist ein wohltuendes Gefühl, das nicht nur im Körper guttut ...
das Vertrauen wachsen lässt, aus tiefer innerer Ruhe, das dich
begleitet und immer wieder ein gutes Gefühl hervorruft ...

eine Anerkennung deiner Person, von deinen Ohren gehört
und angenommen und weitergeleitet in dein Bewusstsein ...

eine Hilfe, die dir jemand anbietet ... der Schutz vor einer
Gefahr, die du nicht gesehen, aber gehört hast ... deine Ohren
sind wachsam, für dein Wohlergehen, seit deiner Geburt, ständig ...

so oft haben deine Ohren dir geholfen, etwas Neues zu lernen, in bereits Bekanntes zu integrieren, wie auch jetzt ...

und so haben sie es sich vielfach verdient und würden es
doch nie fordern, dürfen die Wärme der Sonne entgegenneh-
men, eines warmen Windhauchs, einer schützenden Hand ...
genießen und in ihrer ganzen Größe und Tiefe loslassen dürfen ...

die Gelegenheit des Moments nutzen und sich auch einmal
hängen lassen, jetzt ...

deine Ohren dürfen hören, was sie wollen ... dürfen, wenn
sie es wollen, weghören ...

und weghören kann etwas Gutes sein, so wie es schützt,
wenn etwas Schlechtes nicht gegessen wird, so ist es ebenfalls
gesund und wichtig, manches nicht zu hören ...

und so tun unsere Ohren uns auf vielerlei Weise, meist unbewusst, Gutes ... seit unserer Geburt ...

und dürfen deshalb die Abendsonne genauso genießen, wie
das warme Lager auf dem weichen Kopfkissen oder die Ruhe
einer klassischen Musik ...

und so kannst du es ihnen gleichtun ...

und dich dann erfrischt und erneuert in deiner eigenen Geschwindigkeit wieder hierher zurückorientieren ... und deine
Ohren können sich dabei öffnen ... wie eine Blüte für die schönen Dinge des Lebens ...

Deine Füße spüren und würdigen

Anregungen: über das Ausatmen Spannungen loslassen; dich bei deinen Füßen bedanken für das, was sie dir geben und ermöglichen; in die Füße hineinspüren, sie bewusst wahrnehmen und würdigen; sich an das viele Schöne erinnern, zu dem sie dich schon hingetragen haben; wie würden sie die Welt aus ihrer Sicht beschreiben; für sie wäre das Leben an sich das wirklich Wichtige – sich dadurch auf das Wesentliche besinnen; deinen Füßen tut es gut, wenn du sie streichelst und gut zu ihnen bist, dir tut das gut; deinen Körper genießen, während dein Unbewusstes sich besonders in der Entspannung um deine Gesundheit kümmert; auch im Alltag deine Füße spüren und gut zu ihnen sein.

… wenn wir ausatmen, lassen wir die Spannungen los, so wie auch der Rücken seine Spannung abgibt, wenn der Atem ausströmt. Und so wissen wir nicht wirklich bewusst, was die Füße darüber denken …

und wenn sie ein eigenes Bewusstsein hätten, oder sogar haben, vermutlich wäre oder ist es ihnen dann klar, dass es sich sehr angenehm anfühlt, einfach nur daliegen zu können …

dabei die Zehen frei hängen lassen können, innerhalb oder außerhalb der wohligen Wärme der Socken … und so können auch deine Füße sich tiefer sinken lassen, jetzt, mit dem Ausatmen tiefer …

und du kannst dich hineinfühlen, dich ihnen freundlich zuwenden und würdigen, was sie schon alles für dich getan haben, heute und gestern und die Tage und Jahre davor, deine Füße …

nachdem du Laufen gelernt hattest, damals … und sie waren es, die dir diesen Wunsch erfüllt haben, obwohl du sie so manches Mal auf spitze Steine gelenkt hast oder sie vorwärtsgetrieben hast und sie alle Reserven aufgeboten haben, auch wenn sie eigentlich nicht mehr konnten …

und immer wieder haben sie dich getragen, auf wunderbare Weise manchmal die Ziele erreichbar werden lassen, die du angestrebt hast ...

und sie haben dir unglaublich schöne Eindrücke vermittelt, wie das ist, warmen Sand zu spüren ... oder die kühlen Wellen des Meeres ... über weiches Gras zu gehen ... nassen Schlamm zwischen den Zehen zu spüren ... die gespeicherte Wärme der Sonne an einem Frühlingsabend, beim Gehen über glatten Fels ...

und was sie wohl sagen würden, was wirklich wichtig ist in ihrem Leben, wenn du sie jetzt fragst und lauschst auf eine Antwort ... die lautlos kommt in einem inneren Bild oder als Gefühl ...

würden sie die Schuhe, in denen sie viel Zeit ihres Daseins verbringen, nach ihrem äußeren Glanz bemessen, nach ihrem Preis, oder nach der Mode ...

vielleicht ist ihnen deine Zufriedenheit wichtiger, als ihr eigenes Wohlbefinden, oder ist für sie nur wichtig, dass die Schuhe Halt bieten und Schutz ...

vielleicht empfinden sie Schuhe aber auch als ein Gefängnis, das sie abschottet vom hellen Licht und von erfrischendem Regen, vom Kontakt mit dem Boden ...

ist es dir bewusst, dass sie es lieben, von deinen Händen massiert und gestreichelt zu werden ... jeder einzelne Zeh ist dankbar dafür, auch die Fußsohlen und Fußrücken mögen es sehr ...

und es ist ein sehr schönes Gefühl für deine Füße, wenn deine Augen sie liebevoll betrachten ...

und es macht sie traurig, wenn du sie lieber anders hättest, denn sie können wenig ändern und doch tragen sie dich weiterhin ...

und sie freuen sich auf die weiche und warme Bettdecke heute Abend, wo sie sich ausruhen können und sich stundenlang unterhalten können miteinander, über die wirklich wichtigen Dinge ...

und den nächsten Tag für dich planen können und du dachtest vielleicht bisher, das würde alles im Kopf geschehen, aber manchmal, wenn dein Verstand nicht so aufpasst, dann hörst du auch auf ihre Stimmen, erkennst irgendwie, dass sie ein wichtiger Teil von dir sind ...

und so kannst du deinen Körper von den Haaren auf dem Kopf bis zu den Fußsohlen genießen ... während dein Unbewusstes alles tut, um dich gesund zu erhalten und zu heilen ...

und so kommst du jetzt in deiner eigenen Geschwindigkeit wieder zurück in den aktiven Alltag, in dem du deinen Füßen zukünftig vielleicht mehr Aufmerksamkeit und Wertschätzung schenken möchtest ... und wirst mit dem Öffnen deiner Augen ganz wach ...

Aus der Sicht der Knie

Anregungen: einen besseren Umgang mit allen Teilen des Körpers anstreben; die Welt aus der Sicht der Knie betrachten, dadurch die Perspektive, mit der du die Welt betrachtest, deutlich wechseln; Verständnis für den eigenen Körper entwickeln; die Beschränkungen eingefahrener Standpunkte verlassen.

... und weil dein Körper weiß, ohne dass du es bewusst wissen musst, was er tun muss, damit deine Knie auf ihre Weise auch loslassen können, während der Rest deines Körpers seine Schwere abgeben kann, mehr oder weniger leicht, an die weiche Unterlage ... kannst du es genießen, auf die eine oder andere Art ...

und vermutlich ist es für deine Knie angenehmer, sich locker nicht zu strecken und weil der warme Atem bis in die Knie reicht, in der Vorstellung ... kannst du jetzt den Körper hinuntersinken lassen, mit dem Ausatmen angenehm sinken lassen ...

und dabei die Wärme in die Knie strömen lassen …

und ich weiß nicht, ob die Wärme angenehmer ist, während deine Knie sich sinken lassen, wenn sie die Knie von unten erwärmt, oder von oben …

und besonders gut können deine Knie sich sinken lassen, wenn sie auf einer warmen Unterlage ruhen, vielleicht im sonnenwarmen Sand, unter den Knien mit den Händen etwas angehäuft, sodass sie bequem liegen können …

oder auf einer weichen Decke … und an welcher Stelle würden sich deine Knie besonders intensiv lösen und lockern, wenn sie selbst entscheiden könnten … und wie würden sie sich dazu hinlegen, irgendwie kannst du es ihnen überlassen, jetzt ihre beste Haltung zu finden …

während dein Atem sie wärmt und mit Sauerstoff versorgt, denn es tut auch ihnen immer wieder gut, zu ruhen, loslassen zu dürfen, nach den vielen Bewegungen …

und wie mag aus der Sicht der Knie eine Busreise aussehen … während deine Augen so vieles sehen, aus dem Fenster blickend, da sind Landschaften, wunderbare Farben und Formen, große und kleine Gebäude, hohe Berge und Flüsse, Tiere und Menschen … das Spiel des Lichts, der Himmel, das Grau der Straße …

dabei genießen deine Knie vielleicht die Dunkelheit da unten hinter dem Vordersitz …

und wie mag es für ein Knie sein, für das linke oder das rechte, wenn es einem anderen gegenübersteht, einem fremden, wer weiß schon, wie seine oder ihre Knie das sehen, gefallen ihm andere weibliche oder männliche Knie besser, oder kennen deine Knie da keine Vorlieben, ist es ihnen etwa gleichgültig, spielt nur das Aussehen eine Rolle, oder sind vielleicht andere Dinge wichtiger als das Aussehen für deine Knie …

und so strömt eine wohlige Wärme auch durch deine Knie, die sich auf ihre Art dem Moment anpassen, sich sinken lassen und träumen mögen von der wohltuenden Wirkung warmen

Sandes ... von weichen Decken ... von kraftvollen und doch auch maßvollen Bewegungen, während die Wärme sie umgibt und durchströmt ... und sie ihre Spannungen loslassen können ...

und weil der Atem seine Wärme nach innen bringt, reinigt er gleichzeitig und die Knie sammeln Kraft auf diese Weise, freuen sich auf all das, was Knie eben so erfreut ...

und vielleicht gehört auch ein Bad dazu, im Meer, im salzigen Wasser, kühl umspült, oder in der Badewanne, in weicher Wärme ...

und so kannst du es auch mit deinen Ellenbogen genießen, dass es deinen Knien guttut, schließlich sind sie die Knie der Arme, irgendwie ...

und jetzt bringst du deshalb auch in deinen Knien Frische und Erneuerung mit ... während du mit jedem Einatmen wacher und klarer wirst, jetzt ... in deiner eigenen Geschwindigkeit, so wie es dir guttut, jetzt ...

Deine Hände spüren und mögen

Anregungen: aufmerksam und bewusst die eigenen Hände betrachten; je sensibler du mit ihnen umgehst, desto mehr fühlst du das, was sie anfassen; Freude empfinden durch Berührung; sich erinnern an das »Erfassen« der Welt durch die Berührung mit den Händen; Berührungen ergänzen das Sehen ganz wesentlich; auch im Alltag mit den Händen bewusst die Welt erfassen.

... du kannst dich bei dieser Gelegenheit einmal erinnern an die Zeit vielleicht schon vor der Geburt. Damals, auf jeden Fall aber kurz danach, hast du damit angefangen, etwas zu sehen ... zuerst war es wohl nur die Unterscheidung zwischen hell und dunkel, irgendwann dann Striche, die mal verbunden waren mit anderen, mal nicht ...

und Kreise, Formen konntest du immer deutlicher voneinander unterscheiden …

und du wusstest nicht, was das Neue ist, zunächst … im Laufe der ersten Wochen und Monate lerntest du, dass diese oder jene Formen, Farben wichtiger für dich sind als andere …

da sind auch so viele Einzelteile in jedem Bild, das wir sehen … irgendwann hast du dich eingestimmt, ein Blatt ist ein Blatt und nicht eine große Menge meist grüner Punkte nebeneinander … ein Baum in einer Allee ist ein Baum und gleichzeitig Teil der Umrahmung eines Loches zwischen den Bäumen …

und so kannst du, zunächst mit deiner inneren Aufmerksamkeit, später irgendwann auch mit den Augen deine Hände betrachten …

und ich weiß nicht, du weißt es auch nicht, jedenfalls nicht auf bewusster Ebene, wie viele Tausend Mal du deine Hände schon betrachtet hast, oft ohne sie bewusst zu sehen …

so eine Hand hat viele Seiten, da sind so viele kleine Härchen oben drauf, vielleicht ist die Hand nur dazu da, um den Härchen Halt und Nahrung zu geben, eine kleine Fliege mag das so sehen …

da sind die Furchen zwischen den einzelnen Hautabschnitten, eine Welt voller Täler und Gebirge, die Hand hat viele Glieder, ist sehr beweglich … die Hand kann fühlen, sehr unterschiedlich …

wenn du mit einem Finger über den Nagel eines anderen streichst, entsteht unter dem Nagel ein eher gedämpftes, dumpfes Gefühl für diesen Kontakt mit dem anderen Finger … auf der anderen Seite, an der Fingerspitze, ist das Gefühl einer ganz feinen Berührung mit dieser glatten Oberfläche des Nagels, eine Vielfalt von Gefühlen kann Farben auslösen …

vielleicht sitzt in der Fingerspitze, in jeder einzelnen, ein Gefühl, das Freude heißt … das immer dann, wenn du etwas, das du magst, ganz vorsichtig und zart berührst, anfängt umherzuspringen, sich zu freuen und zu tanzen …

und wenn du kleine Kinder, die nur wenige Jahre alt sind, gewähren lässt, dann wollen sie alles anfassen, was sie sehen ... ...
und während sie es mit ihren empfindsamen kleinen Fingern berühren und dabei kennenlernen ... sind ihre Blicke häufig nach innen gerichtet, auf die Welt, die sich eröffnet, durch die Berührung mit ihren Fingern ...

und innerlich vergleichen sie unbewusst das, was sie sehen, mit dem, was sie fühlen ... und erstellen ein stimmiges Bild ...

da ist noch eine andere Seite der Hand, sie kann etwas fühlen und Empfindungen auslösen, auch wenn sie das, an das sie sich annähert, gar nicht berührt, sondern knapp darüber oder davor schwebt und empfängt, wie eine ganz sensible Antenne, alles aufnimmt, was herüberkommt ...

wenn du eine Blume, die auf der Wiese steht, mit der Hand betrachtest, mit dem richtigen Abstand, ohne sie anzufassen ...

so spürst du dennoch etwas, wenn du sie dann anfasst, ganz vorsichtig ... dann spürst du wieder etwas anderes ... wenn du sie fester in die Hand nimmst, um sie abzureißen, dann spürst du weniger ... obwohl deine Hand mehr Kontakt hat, mit der Blume ...

wenn sich deine Hand einer anderen Hand nähert, ganz langsam und bewusst ... so spürst du, anfangs nur unbewusst, je näher du der anderen Hand kommst, in der Hand etwas von der ganzen anderen Person ... und deine Augen sehen etwas anderes, als deine Hand spürt ...

wenn du dir einmal erlauben wirst, und sei es nur in der Vorstellung, das, was deine Hand spürt, als Wirklichkeit zu nehmen ... dann kannst du entdecken ... dass auch dein Auge etwas anderes sieht, wenn es die Person ansieht, von der die Hand ein Teil ist ...

dass auch dein Ohr etwas anderes hören kann als zuvor ...

und ich möchte, dass du dir immer mal wieder, wenn du dazu Gelegenheit hast und die Zeit, den inneren Raum gibst, diese anderen Seiten deiner Hände bewusst zu erfahren ... um dir auf diese Weise ein neues Fenster in die Welt des Erlebens zu öffnen ... um dich ein Stück mehr zu integrieren in die Welt ...

mehr und mehr hören deine Ohren jetzt wieder in diesem Raum die verschiedenen Geräusche ...

deshalb wirst du dich nun wieder zurückorientieren, in diese Zeit, in deiner eigenen Geschwindigkeit ...

und bist mit dem Öffnen deiner Augen ganz wach ...

3 Die eigene Kreativität erweitern

Ideen liegen am Rande und jenseits der »normalen« Sicht der Dinge. Indem wir uns in der Fantasie erlauben, die Normalität zu verlassen, kann sich unsere Sicht auf die Welt auf angenehme Weise erweitern. Dabei wird die Realität, so wie sie sich uns darbietet, spielerisch umgewandelt. Spaß und Freude am Spielen mit der Vorstellung werden gefördert. Ganz nebenbei, ohne es bewusst anzustreben, entstehen auch neue Ideen für den Umgang mit Problemen – die oft deshalb ein Problem darstellen, weil wir sie immer nur aus derselben Richtung betrachten, mit denselben Worten beschreiben und mit derselben Trägheit des Denkens reflektieren.

Ängste reduzieren sich und das Dasein wird leichter, ohne dass es direkt angestrebt wird. Das hängt damit zusammen, dass der eigene Handlungsspielraum erweitert wird. Es entsteht mehr Selbstsicherheit.

Töne neu streichen

Anregungen: Man kann sich Töne auch bildhaft vorstellen, das alleine öffnet schon neue Perspektiven; vielleicht werden Töne nicht in erster Linie im Gehirn verarbeitet, sondern haben vor allem Einfluss auf unser unbewusstes Fühlen und auf das unbewusst mitgesteuerte Verhalten; indem die Töne farbig werden, kann ihr Einfluss auf unsere Stimmungen und auf unser Verhalten zum Guten verändert werden; das führt zu einer wachen Klarheit im Alltag.

… und was die Augen hinter den geschlossenen Lidern sehen, ist etwas anderes, als die Ohren hören, wenn die Augen geöffnet sind …

und ganz gleich, wie der Verstand darüber denkt, es ist immer schön, loslassen zu können …

und wie es wohl wäre, wenn die Töne farbig zu deinen Ohren kämen, vielleicht an jedem Ohr ein bisschen verschieden getönt, wie ein farbiger Hauch sich deinen Ohren anbieten …

und schöne Worte haben eine andere Farbe, als andere Worte …

die schönen Worte sind intensiver, die anderen verklingen schnell, werden grau und verwehen …

und leise Worte sind blasser, vielleicht schmaler und kleiner …

und auf ihrem Weg in deine Ohren und tiefer hinein, über das Trommelfell in das Gehirn oder wo sonst sie wahrgenommen werden und ihre Wirkung entfalten, wer weiß das schon wirklich … vielleicht nimmt das Ohr sie lediglich auf, das Gehirn sortiert sie, in seinen vielen Windungen kann sich das Unbedeutende verlieren, aber wirklich zu Hause sind sie vielleicht in der dritten Rippe, der linken, von unten gezählt …

dort fühlen sie sich wohl und von dort geht ihre Wirkung aus, vielleicht …

und nach dem Eintritt in das Gehirn werden die farbigen Geräusche in verschiedene Richtungen geschickt und dabei, auf ihrem Weg, verändern sie auch die Farben, die sie bisher hatten …

und wie es wohl wäre, wenn dein Unbewusstes irgendwo auf dem Weg, den die Töne nehmen, um zu ihrem Empfinden zu kommen, einen Trupp freundlicher Maler platzieren würde … und jeder Ton, der käme, würde in der gleichen Farbe gestrichen … sodass sie am Ende alle gleich aussehen, so ähnlich wie ein Auto, das umlackiert wird, sodass sie sich schließlich nur noch in ihrer Größe und Form unterscheiden …

und in ihrem Gewicht, aber welches Ohr wiegt schon jeden Ton, der da hineinspaziert ...

und wie wäre es, wenn alle Töne weiß gestrichen würden, hell und sauber ...

und was würde deine Haut dazu sagen und das Innere deines Bauches ... und was würde sich in deinen Ideen verändern, wenn alle kommenden Töne blau gestrichen würden, klar und frei ...

und vielleicht würde deine Kraft deutlich wachsen, wenn sie alle rot ins Empfinden kämen ... und es fühlt sich gut an, zu spüren, wie die eigene Kraft wächst ...

und dann haben die Pinsel der Maler ein warmes Gelb und sie freuen sich darauf, jeden Ton mit dieser schönen Farbe einzukleiden ... und die gelben Töne freuen sich vielleicht auch über ihr neues Kleid und breiten eine schöne Stimmung aus, hell und leicht, dort wo sie ankommen, in der Nase ... im Bauch ... im Herz ... bis zu den Fingern ... und Zehen ... bis sie schließlich in der dritten Rippe ankommen, der linken, von unten gezählt, dort fühlen sie sich wohl und können sich ausruhen ...

und so breiten sich die schönen Farben weiter aus in dir, geben dir Kraft und Freude ... und Ideen ... und Genuss ... je nach Farbe anders ...

während du einfach nur hier bist, angenehm schwer oder leicht und wohlig warm ... die Töne kommen lässt, die großen und die kleinen ... die schweren und die leichten ... sie eintreten lässt, ihre Verwandlung beobachten kannst und ihre Farben genießt ...

während sie sich verteilen in dir und dich ganz verschieden bereichern ... aus Gefühlen werden reale Veränderungen zum Guten ...

und dabei einfach nur loslassen ... und annehmen ... sich erholen ... auf jeder Ebene gründlich und ausgiebig ...

um dann allmählich jene Farben zu sammeln, die dir helfen, wach zu werden ... und dich darin wohlfühlen, in einer ruhigen

Klarheit … um nun in deiner eigenen Geschwindigkeit wieder hierher zurückzukommen, ruhig und klar die Aufgaben des Alltags zu erledigen und seine Freuden vermehren …

Das Zeitvolk

Anregungen: sich vorstellen, dass die Zeit weniger gleichmäßig verläuft, als der Verstand denkt; im subjektiven Empfinden ist sie unterschiedlich lang; durch diese Relativierung kann sich auch anderes relativieren, das uns in unserem Denken und Handeln unnötig gefangen hält; dir die Vorstellung erlauben, dass Zeit wesenhaft ist; das öffnet dich auch für andere kreative Gedanken.

… und du kannst dich jetzt hier ein paar Minuten ausruhen und dabei anfangs an die Zeit denken. Ausruhen hat schließlich auch etwas mit Zeit zu tun, denn sie geht weiter, während dein Körper sich in ihrer Begleitung erholt …

wenn du auf eine Uhr schaust, dann siehst du einen Sekundenzeiger, der immer im Kreis herum läuft. Jede Sekunde scheint gleich lang zu sein, und der Zeiger läuft immer weiter, ohne Pause …

wenn wir nicht auf die Uhr schauen, dann sind die Sekunden, Stunden und Minuten alle unterschiedlich lang. Wenn wir etwas Langweiliges tun, dann schleicht die Zeit. Wenn wir etwas Spannendes erleben, dann kann die Zeit sehr schnell vergehen. Nachts, wenn wir schlafen, gibt es keine Zeit für uns, jedenfalls bemerken wir sie erst wieder, sobald wir aufwachen …

manchmal ist es so, als ob die Zeit eine Pause einlegen würde. Wenn du jemandem gespannt zuhörst, ein Buch liest oder etwas Schönes spielst, dann kann es so sein. Vielleicht sammelt die Zeit dann ihre Sekunden, Minuten und Stunden um sich herum, um sich mit ihnen über etwas zu unterhalten …

die Sekunden sind zwar sehr klein, aber sie sind sehr viele und flink. Die Minuten sind größer und langsamer, aber immer noch kleiner als die Stunden. Die Tage sind langsamer, und die Bewegungen der Jahre sieht man fast gar nicht, so groß und langsam sind sie. So kannst du dir vorstellen, dass sich die Zeitfamilien in einem großen alten Raum treffen, sobald wir sie nicht mehr beobachten ...

die Zeit ist schon sehr alt. Der Raum, in dem die Zeitfamilie sich versammelt, ist sehr groß und sehr gemütlich. Sie treffen Freunde und alte Bekannte, mit denen sie früher in anderen Uhren zusammenlebten. Sie erzählen sich von ihren Erlebnissen und erholen sich dabei von ihrer Arbeit ...

und wenn sie dann allmählich alle still werden, erzählt ihnen eine alte Zeit Geschichten von früher, als sie noch alle zusammenlebten, als großes Volk in einem hellen Lichtkreis, bevor sie in das Leben der Menschen kamen und es sich in Sanduhren, in Armbanduhren, in großen Uhren an den Küchenwänden, in den Schulen und auf den Bahnhöfen mehr oder weniger gemütlich einrichteten ...

das Ganze dauert ausreichend lange, sie können sich richtig Zeit lassen, denn sie sind ja die Zeit ...

und während sie dort zusammen sind, werden immer wieder einige zurückgerufen, wenn ein Mensch sich an seine Zeit erinnert, weil er einen Termin hat oder vom Schlaf aufwacht oder so. Dann geht die richtige Zeit schnell zurück, mit ihren Sekunden, Minuten und Stunden, damit sie nicht vermisst werden und niemand merkt, dass er auch ohne Zeit leben könnte ...

die Zeit nimmt dann wieder ihre Arbeit auf, sie tickt lautlos in den meisten neuen Uhren und gut hörbar in anderen, meist älteren und größeren wie den Standuhren ...

und so kannst du dich jetzt wieder an deine Zeit erinnern, atmest tief ein und aus, streckst dann deinen Körper und wirst dabei wieder ganz wach, in deiner eigenen Geschwindigkeit ...

Eine Wolke aus Stein

Anregungen: Kreativität fördern durch die Vorstellung, dass Steine leicht werden können, sogar fliegen können; indem sie sich in der Fantasie verwandeln, können sich auch andere Überzeugungen wandeln – und auf diese Weise Lernprozesse in Gang setzen und Lösungen entstehen lassen.

… während du dich jetzt hier etwas ausruhst, kannst du deine Arme und Beine sinken lassen, denn sie können die Pause in diesem Augenblick genießen …

wenn wir Steine sehen, in ihrer Schwere und Unbeweglichkeit, dann halten wir sie für leblos und starr. Wir sehen nie, dass sie sich von alleine bewegen, und wir hören nie, dass sie irgendwelche Laute von sich geben. Aber es könnte auch anders sein …

meistens liegen Steine über sehr lange Zeiten auf ihrem Platz, den sie irgendwann und aus irgendwelchen Gründen dort gefunden haben. Wenn ein Stein fühlen könnte, wie würde er sich dann wohlfühlen, mit seiner Schwere, wenn er zur Ruhe kommt …

vielleicht ist ein Stein nicht immer schwer. Vielleicht ist er zu bestimmten Zeiten leicht wie eine Wolke. Wer weiß das schon wirklich? Vielleicht ist er dann, wenn wir nicht hinschauen, nachts zum Beispiel, leicht wie eine der Wolken am Himmel. Dann lässt er sich vielleicht sogar aufsteigen, in den Himmel, schwebt zu den anderen Wolken, weit hinauf in die Tiefe des Himmels …

er vergnügt sich dort auf seine Weise und freut sich über seine Leichtigkeit, der Stein, der nachts wie eine leichte Wolke am Himmel schwebt …

und rechtzeitig bevor es Tag wird, lässt er sich wieder hinuntersinken, auf den Boden. Dort wird er wieder ganz schwer. Er breitet seine kurzen Steinarme und Steinbeine aus und lässt sich ganz schwer sinken. Auch sein Steinkopf sinkt hinunter, in seiner angenehmen Schwere, in den Sand oder in das Gras, angenehm schwer ...

unten auf der Erde träumt er von seinen Erlebnissen der letzten Stunden, wie es war, in der Weite des Himmels zu schweben. Und er freut sich daran, während er in seiner Fantasie noch immer durch den Himmel schwebt, nahe an den Sternen, leicht und unbeschwert und fröhlich ... und er kann es gleichzeitig genießen, mit seiner Schwere einfach nur dazuliegen ...

und der Mensch, der im Morgenlicht an ihm vorübergeht, vielleicht seine Hände auf ihn legt und ihn zu bewegen versucht, weiß nichts von seiner verborgenen Leichtigkeit ...

und so fliegen die Steine vielleicht immer, wenn sie unbeobachtet sind, als Wolken in der Tiefe des Himmels. Und wenn sie sich besonders vergnügen, dann fallen Freudentränen aus ihnen auf die Erde, und der Mensch denkt, die Wolken würden weinen ...

in Wirklichkeit freuen sie sich und lachen dabei so sehr, dass sie wieder schwer werden und als Tropfen zur Erde zurückkommen ...

vielleicht sprechen wir deshalb manchmal von schweren Wolken. Und weil es schön ist, sich mit aller Schwere leicht treiben zu lassen, kannst du dieses Gefühl jetzt noch einmal ausgiebig genießen ...

um danach in deiner eigenen Geschwindigkeit vor oder nach der nächsten Minute hier wieder frisch und wach zu werden ...

Der Bach der Wünsche

Anregungen: sich über die eigenen Wünsche klar werden; sie zulassen; die Wichtigen sich deutlich herausbilden lassen; sich ihre Erfüllung vorstellen; akzeptieren, dass manche Wünsche nur für das Träumen von Freude existieren; um uns von dem oft anstren-

genden Alltag in eine schönere Welt zurückziehen zu können, aus der wir dann gestärkt wieder herauskommen.

… besonders wenn der Himmel blau ist, kann man es leichter sehen, wenn irgendwo da oben in der Tiefe des Himmels ein kleines, schon älteres Flugzeug am Himmel entlangzieht. Es ist vielleicht so weit entfernt, dass du es nicht hören kannst. Während der Propeller des Flugzeugs zuverlässig und stetig die Luft von der einen Seite auf die andere wirft und dabei das Flugzeug hinter sich herzieht und den Menschen auf der sicheren Erde ein beruhigendes Brummen herunterschickt, gehst du zur gleichen Zeit auf deine Art deinen Weg in eine gute Ruhe, ohne die Belastung der Füße …

und du kommst, nachdem du tiefer in dein Gefühl der Ruhe gegangen bist – und es ist nicht wichtig, ob dein Bewusstsein das merkt oder mit etwas anderem beschäftigt ist –, an einen Bach, an dem du dich in das weiche Gras setzen kannst oder auf einen bequemen Baumstumpf, vielleicht auf eine weiche Decke … dein Platz ist von der Sonne erwärmt und freundlich …

alles ist ruhig, nur die Melodien der Natur umgeben dich, gesättigt mit guter, frischer Luft … da ist der Wind, der über das Gras streift. Du kannst hören, wie sich ein Grashalm am anderen reibt, dieses einzigartige, leise Geräusch, wie sie einander berühren und wieder loslassen …

von den Bäumen fallen einzelne Blätter langsam schwebend, sich drehend auf die Erde. Neben dir wohnt eine schöne, alte Rose. Sie ist voller Blüten, die Farbe mag gelb-orange sein, oder auch anders schön. Die Blüten riechen angenehm fruchtig. Du genießt ihren Duft, ihre Farben …

sie wächst schon sehr lange an diesem Ort, und während du sie siehst und ihren zarten Geruch in dich aufnimmst und irgendwie spürst, dass sie dir freundlich zugewandt ist, fallen auch von ihr einige Blütenblätter nach unten, langsam schwebend …

der Wind trägt das eine oder andere ein Stück weit. Viele von ihnen sinken auf den Bach, werden ganz sanft aufgesetzt auf die Oberfläche. Die Sonne scheint darauf, lässt ihre Zartheit und Weichheit für das Auge sichtbar werden ... und fast ist es, als könnte durch das Auge auch die Haut spüren, wie weich und zart sie sind ...

und die warme Sonne lässt ihre Farben erstrahlen, die wärmende Sonne erschafft ihre kleinen Schatten und für den Schatten ist es so unwichtig, ob er durch einen festen Baum entsteht oder durch ein zartes Blütenblatt. Er wird vom Bach davongetragen, gemeinsam mit dem Blatt, diesem zarten, duftenden Farbtupfer ... und vielleicht schaust du ihnen ruhig nach, bis du sie nicht mehr siehst ...

und wie du so da bist und die fortwährende Veränderung des Baches siehst und sogar auch spürst, während er immer weiter vorüberfließt, und doch auch siehst, wie er gleichbleibt in der Veränderung ... hast du Wünsche in dir. Manche Wünsche sind dir wichtiger, andere sind dir weniger wichtig. Du kannst es zulassen, dass deine Wünsche klarer werden ...

und so bekommen besonders diejenigen mehr Klarheit und Farbe, die dir besonders wichtig sind. Du lässt sie immer klarer werden und deutlicher ... und wenn du dir klar geworden bist – und das kann auch unbewusst sein –, welche Wünsche dir besonders wichtig sind, dann wählst du erst einmal einen von ihnen aus und du lässt dir die Zeit, die du brauchst, um mit einem guten Gefühl zu wählen ...

du findest jenen Wunsch, von dem du gerne hättest, dass er sich erfüllt, wählst ihn aus und setzt ihn ganz sanft und ganz sicher, wie der Wind die Blätter, in den weichen Duft eines Rosenblattes hinein, das auf dem Wasser schwimmt ...

der Bach lässt ein Glucksen hören, so als freue er sich über dein Vertrauen, und nimmt ihn mit, deinen Wunsch, der ein eigenes Leben hat, um ihn seiner Erfüllung entgegenzutragen ...

denn der Bach ist in Wahrheit ein Zauberer. Sobald der Wunsch ihn berührt, beginnt er zu leben, beginnt die Entwicklung seiner Bestimmung und der Bach nimmt ihn mit, deinen Wunsch, dorthin, wo er verwirklicht werden wird, der Wunsch ...

und wie du so siehst, wie dein Wunsch sich wohlfühlt beim Bach, hast du tief in dir das Gefühl, reicher geworden zu sein, durch deine Verbindung zu dem Bach ... deshalb nimmst du dir die Zeit und die nötige Ruhe, einen Wunsch nach dem anderen herauszubilden und sie sanft dem Bach zu übergeben, indem du sie in die Rosenblätter hineinlegst. Denn der Bach ist ja, wie wir wissen, in Wahrheit ein Zauberer, der sie mitnimmt, die Wünsche, dorthin, wo sie Wirklichkeit werden ...

und so kannst du dich zurücklehnen, auch innerlich, das Wissen von Ursache und Wirkung sich ausdehnen lassen, die innere Ruhe zulassen und die Dinge so geschehen lassen, wie sie gut für dich sind ...

und nachdem die Wünsche unterschiedlich lang mit dem Bach unterwegs waren, haben sie sich entwickelt. Sie sind reif geworden und haben unterwegs sooft das Läuten von Glocken gehört, das Rauschen des Windes in den Bäumen und die anderen Stimmen in der Natur. Sie sind anderen Wünschen begegnet, haben sich unterhalten und gelacht ...

und je weiter dein Wunsch sich entwickelt hat, desto leichter ist er geworden, und wenn er dann leicht genug geworden ist, nimmt der Wind ihn in seine Hände wie eine Feder oder wie einen bunten Schmetterling und trägt ihn hinauf ...

und so reist er noch einmal seine Zeit durch die Luft, zurück zu dir, und die Wege mit dem Wind sind nicht immer die kürzesten. Jeder Wunsch hat so seine eigene Zeit, die er braucht zur Verwirklichung ... und der Wind nimmt ihn mit, mal rauf und mal runter und trägt ihn hin zu dir ...

und irgendwann ist der Wunsch dann wieder bei dir und er kann sich dann erfüllen, es hängt nur noch von deiner Entscheidung ab, ob du das dann noch immer willst. Tief in dir hast du dann die Freiheit, dich zu entscheiden, ob du ihn annehmen willst, so wie er sich entwickelt hat, und ob es wirklich das ist, was du willst ...

und so trifft über die Zeit, getragen von Bach und Wind, ein Wunsch nach dem anderen ein. Den einen nimmst du an, wodurch er sofort wirklich und wahr wird, den anderen lehnst du ab, weil er nicht mehr aktuell ist oder weil du dich inzwischen verändert hast oder aus irgendeinem anderen wichtigen Grund ...

und so wirst du dann, nachdem du all die Wünsche, die dir im Moment wichtig waren, dem Bach übergeben hast und sich der eine oder andere vielleicht auch schon seiner Erfüllung nähert ... und ausgeruht und irgendwie gesättigt bist, diese Dinge für den Moment auf eine gute Art abschließen ... ruhig und kraftvoll wieder zurückgehen ... vielleicht trinkst du noch einmal von dem wunderbar frischen Wasser des Baches und lässt dich auf diese Weise beschenken vom Zauberer ...

wohl wissend, dass da noch Wünsche unterwegs sind zu dir, die dich zu ihrer Zeit erreichen werden, unabhängig von Zeit und Ort ... schließt jetzt diese Dinge für den Moment ab ... und kehrst in deiner eigenen Geschwindigkeit hierher zurück ... in diesen Raum und in diese Zeit ... und wirst beim Öffnen deiner Augen wach und klar ...

Die kleine Bärin

Anregungen: den Mut zur Veränderung stärken; nach jedem Aufwachen den Mut zum erneuten Erkunden der Welt haben; die Weisheit nutzen, die in jedem von uns verborgen ist und darauf wartet, dass wir uns an sie wenden und ihr vertrauen; der Wechsel von intensiver Beschäftigung mit einem Thema zum Loslassen lässt Neues zu und führt so zu konstruktiver Entwicklung.

… und die Schwere deines Körpers breitet sich aus auf der Unterlage. Es kann sein wie beim Einschlafen, da ist das freudige Gefühl, die Dinge loslassen zu können, noch nicht im ganzen Körper gleichmäßig, aber mehr und mehr loslassen für einige Zeit. Denn im Schlaf ist die Freiheit zu träumen so außerordentlich wertvoll, weil im Traum alles möglich ist …

und die Tiere, die einen Winterschlaf halten, haben vielleicht sehr ausgedehnte Träume, nachdem sie sich vom Alltag des Sommers gelöst haben und tief eingeschlafen sind …

da gibt es auch Träume, in denen sie sich vorbereiten auf die Zeit, die da kommt, nach dem Schlaf. Deshalb kannst du einfach nur daliegen, angenehm schwer und wohlig warm und dich wohlfühlen in dir, ganz so, wie du bist …

und da war einmal eine kleine Bärin. Sie war einige Monate alt oder jung, die tief im Inneren eines Berges mit ihrer Mutter und ihrem Bruder ihren Winterschlaf hält. Die drei Fellknäuel bewegen kaum merklich und nur unbewusst ihre Muskeln, die Atmung strömt entsprechend der tiefen Ruhe langsam und sehr gleichmäßig ein und aus …

und nach vielen Wochen des tiefen Schlafes geht der Winter irgendwann zu Ende. Die kleine Bärin beginnt aufzuwachen, tief im Inneren des Berges in der dunklen Höhle, im warmen Schutz der Mutter und des Bruders. Auch der Bruder wacht gerade auf und sie spüren nach diesem langen Schlaf als Erstes das weiche, warme Fell des anderen. Sie genießen auch bewusst die Geborgenheit. Sie richten sich langsam verschlafen auf, betasten und begrüßen sich durch zärtliche Berührungen, freuen sich aneinander, reiben sich die Augen, um sich anzupassen an die veränderten Verhältnisse und sehen einen schwachen Lichtschimmer am Höhleneingang …

noch sehr unsicher und mit recht ungelenken Bewegungen nach so langer Zeit der tiefen Ruhe und Erholung, bewegen sie sich auf allen vieren dem Lichtschimmer entgegen. Sie spüren den harten Fels unter ihren weichen, warmen Pfoten, hören das Kratzen der Krallen auf dem Felsboden und nach einiger Zeit, nachdem sie um eine Höhlenbiegung kommen, sind sie geblendet von der Helligkeit des Frühlingstages. Die kleine Bärin brummt unwillig, wendet sich von dem Licht ab, doch sie gewöhnen sich bald an die Helligkeit, schauen hinaus in die Weite der Landschaft und sehen zum ersten Mal grünes Gras, das nicht mehr von weißem Schnee bedeckt ist …

sie gehen hinaus und spüren unter ihren Füßen das grüne Gras und die weiche Erde. Ihre Krallen finden Halt in dem Untergrund. Sie betrachten neugierig und noch ganz entspannt die Erde. Sie ist krümelig und zerbröselt leicht. Sie riechen daran und nehmen den Geruch feuchter Erde in ihr Bewusstsein auf. Heben sie auch mit den Krallen auf, leicht lässt sich so ein Loch in die feuchte, lockere Erde graben …

in der warmen Sonne und der klaren Luft fühlen sie sich wohl und sie beginnen, sich umzusehen. Sie entfernen sich ein Stück von der Höhle, fassen alles auf ihre kindlich-neugierige Art an, streifen durch die Sträucher, entdecken zarte Blumen und riechen daran …

und so kommt die junge Bärin nach einiger Zeit an einen Baum. Über ihr, nicht allzu hoch, hängt eine süße Frucht. Sie ist intensiv rot und gelb, und sie weiß aus ihrer inneren Weisheit heraus, dass sie ihr guttun wird, wenn sie sie isst nach dem langen Schlaf. Sie riecht sie, möchte sie haben, der Hunger meldet sich heftig. Sie versucht, sie von unten zu erreichen, steht wie gewohnt auf allen vier Pfoten. Sie strengt sich wirklich an, aber sie kann sie nicht greifen mit ihrer Schnauze. Nach einigen Versuchen klettert sie hinauf auf den Baum, hangelt sich auch einigermaßen geschickt hinüber in die Nähe der Frucht, aber der Ast ist zu dünn, zu schwach, er biegt sich immer mehr nach unten. Bald fällt sie hinunter, die Bärin, direkt unter die Frucht und der Ast schwingt wieder nach oben. Sie sitzt unter dem Baum, ist der Frucht ganz nah, hat ihren süßen Geruch in der Nase und doch ist sie unerreichbar …

und sie klettert wieder hinauf und fällt wieder herunter. Ausdauernd wie sie ist, versucht sie es immer wieder, bis ihr der Körper an einigen Stellen wehtut. Sie lehnt sich an den Baumstamm, frustriert und sehnsüchtig betrachtet sie die Frucht über ihr und weiß nicht weiter. Müde von den vielen Anstrengungen und von ihrer Enttäuschung schläft sie schließlich ein ...

einige Zeit später wacht sie auf und mit der traurigen Gewissheit, auf den Leckerbissen verzichten zu müssen, stellt sie sich noch einmal auf allen vieren unter die Frucht, schaut hinauf ...

und ohne zu denken, richtet sie sich unvermittelt auf und merkt erstaunt, dass sie auf zwei Beinen stehen kann und so mit Leichtigkeit an die süße Frucht kommt, die hervorragend schmeckt, saftig und süß ihre Kraft in den Körper der jungen Bärin fließen lässt ...

und mit dieser unerwarteten, freudigen Erkenntnis, auch auf zwei Beinen stehen zu können, geht sie mutig weiter, tollt mit ihrem Bärenbruder über die Wiese, begegnet vielem Neuen, richtet sich immer wieder auf ihre Hinterbeine auf und wird so auch in dieser Haltung geschickter, erprobt und festigt ihre neu gefundene Fertigkeit im Spiel ...

auf den Ruf der Mutter trotten sie irgendwann zurück zur Höhle in die Geborgenheit der Dunkelheit. Die Augen sehen zunächst nichts mehr aber ihre Nasen und ihr Gefühl für die Höhle führen sie sicher zurück in den warmen Schutz der Mutter. Nach diesem ungewohnten Abenteuer schmiegen sie sich wieder an, um schnell einzuschlafen. Sie sinken tief hinab in die Geborgenheit und die Ruhe des tiefen Schlafes ...

und sie träumen von grünem Gras und vom Geruch der Erde und wie sie sich anfühlt, wenn sie in der Pfote zerbröselt. Die junge Bärin träumt von Bäumen voller Früchten, die sie nun alle erreichen kann, auf ihren Hinterpfoten stehend ...

und irgendwann ist auch ein Winterschlaf zu Ende ... deshalb sammelst du dich jetzt, bringst Erfrischung und Erneuerung mit, während du in deiner eigenen Geschwindigkeit behutsam und vollständig hierher zurückkehrst, in diesen Raum und in diese Zeit …

Das Erleben eines Dampfers

Anregungen: eine ungewöhnliche Perspektive einnehmen, mit allen verbundenen Sichtweisen; Zeit wird relativiert, Geduld gefördert; genussvolles Spüren der Haut durch die Erinnerung an das Fühlen von Wasser; Interesse für das Entdecken von Neuem wecken; Abstand halten.

… und so kannst du dich jetzt darauf einlassen, zunehmend loszulassen für den Moment, während ein Saxofon manchmal klingt wie das Horn eines Dampfers, der auf irgendeinem Fluss vor sich hintuckert. Sein Motor gibt ein beruhigendes Brummen von sich, gleichmäßig und sehr zuverlässig, und dieser Dampfer hat schon viele Tausende oder Zehntausende Kilometer zurückgelegt …

und hat dabei schon so oft sein Horn blasen lassen, während sein Motor ihn ruhig und stetig und zuverlässig auf dem Wasser sich bewegen ließ …

und der Dampfer durchteilt mit seiner Haut das Wasser, das hinter ihm wieder zusammenfließt und bald wieder so ist, als wäre er nie da gewesen …

und weil er schon auf so vielen Flüssen unterwegs war, kann er inzwischen jeden einzelnen Fluss an seinem Geschmack erkennen, der ihn von den anderen Flüssen unterscheidet, denn jeder Fluss schmeckt anders …

er kennt auch schon die Stellen, an denen er anlegen wird, um seinen großen Bauch zu füllen und dann viele Stunden später, die ihm manchmal wie Sekunden, manchmal wie Tage vorkommen, denn mit der Zeit ist das so eine Sache, wenn man auch nur so daliegt und der Fluss wie immer vorüberfließt …

und es sind Stunden, bis ein solcher Dampfer einen vollen Bauch hat, es dauert manchmal wirklich lange, bis alles geregelt ist, am richtigen Platz liegt oder sitzt ...

und der Dampfer ist wirklich sehr geduldig, er hat viel Zeit, denn er hatte oft Gelegenheit, sich an diese Dinge zu gewöhnen, und so liegt er einfach nur ruhig da in seiner Schwere, irgendwie leicht fällt es ihm, meistens ... und er mag es, geschaukelt zu werden von den Wellen des Flusses, während er von irgendeiner schönen Erinnerung träumt ...

Stunden später also nimmt er wieder Fahrt auf, schwerfälliger nun, gewichtiger, der Motor brummt noch etwas tiefer und die Schiffsschraube drückt ihn kräftig nach vorne, mal flussaufwärts, mal flussabwärts und er fährt immer nach vorne auf seinen Reisen, auf seinen Wegen, denn so ein Dampfer hat hinten keine Augen ...

auf jeder dieser Reisen sieht und schmeckt er auch etwas Neues, der Dampfer. Er unterhält sich im Vorüberfahren auf seine Art mit anderen Schiffen, trifft alte Bekannte wieder, freut sich darüber, wie ein Dampfer das eben so tut, und ist dennoch bestrebt, einen ausreichenden Abstand zu halten, zu seiner eigenen Sicherheit und der der anderen ...

und er liebt die Wärme der Sonne, wie auch die Erfrischung durch den wohlschmeckenden, ihn säubernden Regen. Nur das Salzwasser mag er nicht so. Hin und wieder konnte er es schmecken, wenn er dem Meer nahe kam, bei Flut. Er war dann immer wieder froh, wenn er sich entfernen konnte, flussaufwärts, und so kannst du ihn im Moment begleiten, diesen Dampfer, mit ihm die Dinge kennenlernen, die ihm begegnen, die verschieden bewachsenen Ufer, die anderen Schiffe, deren Kapitäne und Kapitäninnen, die ja so verschieden sein können, so wie der Dampfer sie sieht und schmeckt ...

um dich dann wieder von ihm zu verabschieden, mit einem herzlichen Gruß diese Dinge abschließen, so wie es jetzt für dich in Ordnung ist, und behutsam und in deiner eigenen Geschwindigkeit wieder hierher zurückkehren … und dich frisch und ausgeruht fühlen für den Rest des Tages …

Der Rasenmäher bringt Licht zu den kleinen Pflanzen

Anregungen: Etwas, das stört, hat auch gute Seiten; Störungen als Brücken in schöne Erinnerungen nutzen; Veränderungen bringen Chancen für Wachstum und Entwicklung; die schönen Seiten der Natur wahrnehmen.

… aus deiner vielfältigen Erfahrung weißt du, wie es ist, zuzuhören oder einfach nur zu genießen. Denn so kennt dein Körper auch das Gefühl, irgendwo zu sitzen, auf einer Bank im warmen Abendlicht …

und vielleicht zu sehen und zu hören, wie in der Nähe ein Rasen geschnitten wird, von einem Rasenmäher. Ein Halm fällt nach dem anderen, du riechst das frische Gras, hörst die Vögel zwitschern, beobachtest all das beiläufig, während die Ruhe sich weiter und tiefer in dir ausbreiten kann …

da ist die Sorgfalt desjenigen, der den Rasenmäher lenkt. Du bewunderst vielleicht die Liebe, mit der er seinen schön geschorenen Rasen betrachtet, auch wenn das nicht jedermanns Geschmack ist. Denn Jedermann kann dir jetzt völlig gleichgültig sein …

und eine Pusteblume wirft im Fallen noch alle ihre Samen ab, die vom Wind aufgenommen und davongetragen werden, hier und dort hängen bleiben … ganz unterschiedlich schnell ihren Bestimmungsort erreichen …

du kannst – wie schon manches Mal in deinem Leben – ein Büschel abgeschnittenes Gras in die Hand nehmen und vielleicht, wie einen leisen Hauch, die Traurigkeit der Gräser spüren, der Blumen auch …

und wenn du auf den geschnittenen Rasen schaust, kannst du vielleicht überraschend die intensive Freude spüren, der Pflanzen die nun endlich Licht haben und wachsen können, sich der warmen Sonne entgegenstrecken, die vorher immer im Schatten der Großen standen und jetzt vielleicht das erste Mal so richtig frei dastehen …

die noch nie zuvor so viel Sonne abbekommen haben und sich nun so richtig ausbreiten können, nach allen Richtungen, die Wärme voller Genuss und bereitwillig aufnehmen und auch das nährende Licht, sehen können, was sie zuvor nur ahnen konnten, nachdem sie jetzt die Gelegenheit erhalten haben, frei zu wachsen, sich ungehindert zu entfalten, mit der Aussicht, bald selbst zu den Großen zu gehören …

und so genießt du es jetzt auf deine Weise, Kraft und Ruhe zu schöpfen, aus dir selbst heraus … und wo immer du es sonst findest …

bereitest dich dabei innerlich darauf vor, zurückzugehen, um den Tag auf eine schöne Art fortzuführen, dich dabei wohlfühlen in dir selbst … um später in der Nacht einen schönen Traum zu träumen, der Kraft schenkt, wie es schon so mancher Traum in deinen Nächten getan hat, und neue Erfahrungen und die Offenheit, Neues anzunehmen und zu lernen, auch im wachen Bewusstsein …

und so kehrst du nun in deiner eigenen Geschwindigkeit hierher zurück … vielleicht mit der Erinnerung an den Geruch des frischen Grases in der Nase, dann, wenn du bereit bist, wieder ganz wach zu werden … und wirst vollständig integriert und klar mit dem Öffnen deiner Augen …

Wenn ein Regentropfen schwer wird

Anregungen: Regen hat oft etwas Beruhigendes, die Erinnerung daran beruhigt auch im Augenblick; er wird auch mit dem Ge-

fühl der Geborgenheit assoziiert, weil man meist irgendwo Schutz sucht, wenn es regnet; die Kreativität wird angeregt, indem der Weg der Tropfen verfolgt wird; der Kreislauf der Natur, dem auch wir folgen, beinhaltet immerwährende Entwicklung, indem wir uns dem überlassen, können wir loslassen und akzeptieren – uns und das, dem wir begegnen.

... nachdem du es dir jetzt bequem machen kannst, sodass du dich entspannen kannst, möchte ich dir etwas über Regentropfen erzählen, von denen du schon viele gesehen hast, auf der Fensterscheibe oder wenn sie auf die Erde gefallen sind ...

Regentropfen wachsen in den Wolken ... dort wachsen viele kleine Wassertropfen solange zusammen, bis sie schwer genug sind ... dann wird daraus ein Regentropfen. Der macht sich irgendwann zusammen mit vielen anderen auf die Reise hinunter zur Erde ...

während du jetzt Spannung lockerst, kannst du dir vorstellen, wie es wäre, wenn die Regentropfen sich in den Wolken unterhalten würden ... sie würden einander vielleicht erzählen, was sie alles unten auf der Erde sehen können, von da oben in der Wolke ... vielleicht würden sie sich auch erzählen, was sie alles sehen möchten, wenn sie erst einmal unten sind ...

sie sehen von oben kleine Spiegel, das sind die Seen, die von oben ganz klein aussehen ... in ihnen spiegeln sich der Himmel und die Wolken, während sie vorüberziehen ...

von den Wolken aus können die Tropfen sehen, wie nach einem Regen viele kleine silberne Bänder zu den Seen ziehen ... das sind die Bäche und Flüsse, wenn sie durch den Regen breiter geworden sind. Während sie all das sehen, wachsen die Tropfen, sie werden in aller Ruhe größer und schwerer ...

wer weiß, vielleicht freuen sie sich darauf, hinunterfallen zu dürfen, wenn sie endlich groß und schwer genug geworden sind ... und eines Tages ist es dann so weit, ein paar fangen an und die anderen folgen ihnen ... sie sind schwer genug, sie lösen sich aus der Wolke und fallen hinunter, der Erde entgegen ...

die Wolke löst sich dabei auf, der blaue Himmel wird sichtbar, die Sonne scheint durch das Loch, wo vorher die Wolke war, die Regentropfen glitzern in ihrem Licht ...

einige Tropfen lösen sich, während sie fallen, in der Luft schon wieder auf und viele fallen weiter, hinunter auf die Erde, auf einen Grashalm, in eine Pfütze oder auf die Nase eines Kindes, das auf dem Schulhof gerade in den Himmel geschaut hat, um zu sehen, wieso plötzlich ein blaues Loch in den Wolken ist, durch das die Sonne scheint ... das Kind freut sich über den Tropfen und hält seine Hände in den Regen ...

die Tropfen sammeln sich auf der Erde, und irgendwann einmal begegnen sie sich alle wieder, das kann sehr lange dauern, weil manche lange unterwegs sind, bevor sie wieder in die Wolken aufsteigen ...

und so kannst du dich jetzt noch ein Weilchen ausruhen und erholen, um beim nächsten Regen die Wolken zu beobachten und die einzelnen Tropfen ...

um dich dann wieder zu strecken und tief einzuatmen ... und jetzt wirst du ganz wach und frisch ...

4 Die Heilkräfte in uns ansprechen

Wenn ein Mensch zu existieren beginnt, bringt er auf unbewusster Ebene die Fähigkeit mit, sich gesund zu erhalten und zu heilen. Die damit verbundenen Prozesse laufen ständig ab, ohne dass wir sie bewusst wahrnehmen. Die Prozesse selbst sind unbewusst. Die Ergebnisse können wir uns bewusst machen. Wenn die Fähigkeiten aus irgendwelchen Gründen nicht ausreichen, sodass wir krank werden, können wir uns erinnern, dass normalerweise alles gut funktioniert – dass wir also unter günstigen Bedingungen fähig sind, uns gesund zu erhalten.

Was kann unsere Fähigkeiten zur Heilung fördern? Wir wissen, dass große Belastungen in Beruf und Familie uns eher krank werden lassen. Wir verhalten uns auch nicht immer gesundheitsförderlich, beispielsweise in der Ernährung, im Schlafverhalten oder in der fehlenden Anwendung von Entspannungstechniken. Daraus können wir ableiten, wie es besser wäre. Die Geschichten in diesem Kapitel sprechen die Fähigkeiten zur Heilung an, unter anderem, indem die nötige Ruhe gefördert wird und indem über die Erinnerung an unsere Kräfte das Vertrauen in unsere Fähigkeiten gestärkt wird.

Ein Fluss findet seinen Weg

Anregungen: Der natürliche Fluss des Lebens wird mit einem Flusslauf in der Natur verglichen; Förderung der Akzeptanz aller unveränderbaren Dinge, die uns begegnen, und Ermutigung, dein Leben geduldig dort zu steuern, wo es geht; die Übernahme dieser Anregungen in den Alltag ist möglich.

Und weil du deinen Atem auch dann spüren kannst, wenn deine Muskeln sich ausruhen, kannst du ihn jetzt loslassen, ein Stück weit …

und das kann sich anfühlen, als würde wohlige Wärme in die Muskeln strömen, mit jedem Ausatmen … und angenehme Kühle an andere Stellen …

und so wie die Atmung sich der Spannung im Körper anpasst, bei Anspannung schneller und bei zunehmender Ruhe langsamer wird, damit die Zellen immer gut mit Sauerstoff versorgt sind …

ist das gesamte Leben eine ständige Veränderung, nichts bleibt gleich über die Zeit … Gedanken kommen und gehen ständig, Pflanzen wachsen und vergehen, werden zu Dünger für neue Pflanzen … selbst Steine werden durch Wettereinflüsse und anderes mit der Zeit immer kleiner …

Zeit spielt hier keine Rolle, es gibt keine Eile in diesen Teilen der Natur, sie selbst bestimmt über die Zeiten …

und weil das Unbewusste das Ganze umfassend kennt, kann das Bewusste sich jetzt damit beschäftigen, sich an etwas Schönes zu erinnern …

vielleicht will es aber auch aufpassen, was ich sage, und es dann in Bildern wahrnehmen, wie du es aus Tagträumen kennst, damit das Unbewusste den Sinn darin erkennen und sogleich damit beginnen kann, ihn im besten Interesse deiner ganzen Person umzusetzen …

und so ist auch dein Leben wie ein Fluss, zunächst ist da eine Quelle, die selbst irgendwann geboren wird …

und sofort beginnt das aus ihr sprudelnde klare Wasser, sich ein Flussbett zu schaffen, im Kleinen zunächst, nutzt dafür schon vorhandene Wege, wo es geht, und bildet an anderen Stellen neue heraus …

schnell entsteht ein Bach, daraus ein Fluss, der wird größer und begegnet von Anfang an irgendwelchen Hindernissen, da sind Steine oder Bäume, manchmal große Berge oder gar Gebirge und der Fluss sucht sich seinen Weg und er findet ihn, er hat gar keine andere Wahl …

und schnell lernt er auch, zwischen leichten und schweren Wegen zu unterscheiden, einige sind sogar unbefließbar, dann muss er einen Umweg nehmen, manchmal staut er sich zu einem See auf und findet irgendwann wieder einen Abfluss …

er hat von nun an im See ein Reservebecken, aus dem er bei Trockenheit schöpfen kann, in das er sich ein Stück weit zurückziehen kann, in dem er sich ausruhen kann, in sich selbst …

weil sich die Strömung dort verlangsamt, sich alles beruhigt …

bei anderen Hindernissen muss er sich besonders kurvig seinen Weg graben, bildet Windungen, fließt schon auch ganze Strecken in die gegenläufige Richtung, geduldig sucht er sich seinen Weg … und passt sich dabei immer den Landschaften an …

auch der Mensch versucht, ihm an manchen Stellen die Richtung vorzugeben, baut ihm sogar eigens Wege, der Fluss fügt sich meistens, anfangs … und beginnt sofort damit, auch härteste Betonböden zu verändern … passt sie seinem Wesen an, gräbt sich einfach geduldig hinein … denn er hat schon immer sein Ziel tief in sich vorgegeben …

und so verfolgt er es jederzeit geduldig und ausdauernd, ohne Eile, kein Plan treibt ihn voran …

wenn er einer Bergkette begegnet und der bewusste Verstand würde denken, dass der Weg hier wirklich zu Ende ist, der kann sich da ganz sicher sein, der bewusste Verstand, in seinem eingeschränkten Rahmen …

diese Einstellung kennt der Fluss nicht, er kennt kein Hadern und keinen Stillstand, selbst wenn er die Worte kennen würde, er könnte nichts damit anfangen, denn er hat einen sicheren und direkten Zugang zu der Weisheit der Welt, die für ihn wichtig ist … wie auch zum Lauf der Dinge …

und jeder einzelne Tropfen von ihm weiß, dass Leben permanente Veränderung bedeutet, dass nichts wirklich auf Dauer

Bestand hat … dass selbst der Tod des einen Lebens ein Teil der Geburt des anderen Lebens ist, und dass einfach alles, was es gibt, auf alles andere einwirkt, irgendwie …

denn der Fluss gibt nicht nur vielen Fischen Nahrung und auch anderen Lebewesen, er reißt auch ganze Bäume aus, wenn es sehr stark geregnet hat und er über seine Ufer treten muss, nimmt selbst große Steine mit und schleift sie auf ihrem Weg zu schönen runden Kieselsteinen …

und all das mit Freude an der Veränderung …

und auf seinem langen Weg hat der Fluss oft erfahren, dass der Versuch, sich irgendwo festzuhalten, sich gegen den Lauf der Dinge zu wehren, reine Energieverschwendung bedeutet, wenn es eine gewisse Zeit überschreitet …

denn es fließt immer neues Wasser nach, irgendwann …

und selbst wenn keines mehr kommt, aus irgendeinem Grund, verändert sich der Fluss doch, er wird kleiner, versiegt vielleicht sogar irgendwann und an einer anderen Stelle, irgendwo, entsteht er neu aus einer Quelle …

und wieder nimmt er seinen Lauf, erreicht irgendwann den Ozean, vereinigt sich dort mit unglaublich vielen Wassertropfen, steigt irgendwann auf in den Himmel, wird Bestandteil von Wolken, und wenn es regnet, nähren die Tropfen die Pflanzen auf der Erde und die Tiere und Menschen und andere Flüsse …

und so wird dein Unbewusstes irgendwie auch mit der Hilfe des Bewussten sich von nun an leichter daran orientieren, denn wir wissen all das von Geburt an, vergessen es manchmal, können uns aber immer wieder danach richten, du wirst es von nun an schneller in dir finden, wenn du im Alltag für einen Moment innehältst …

und es aufsteigen lässt, denn auch in unserem Körper fließen viele Tropfen des Wassers aus den Flüssen …

und weil das so ist, kannst du dich nun wieder sammeln und für den Alltag bereit machen … dich in deiner eigenen Geschwindigkeit in den Tag zurückorientieren … und mit jedem Einatmen frisch und wach werden …

Moos

Anregungen: *Die Sensibilität für die Natur und für die Zusammenhänge des Lebens wird erweitert; das Moos wird beispielhaft für das eigene Leben betrachtet; das geduldige Anpassen an den Lauf des Lebens wird gefördert.*

… wenn du dich bequem hinsetzt oder hinlegst, gehst du innerlich leichter in eine Ruhe, in der du dich erholst …

und nachdem du so einige Zeit gegangen bist, auf deinem Weg der Ruhe, kannst du dir vorstellen, dass du zu einem großen Stein kommst, bei dem du dich ausruhen kannst …

auf dem Stein wächst grünes Moos. Du kannst es in aller Ruhe betrachten, wenn du magst … und auf jedem größeren Stein, der eine Weile daliegt, findet sich irgendwann einmal Moos, wenn alles Nötige vorhanden ist, damit es wachsen kann … grünes Moos, an manchen Stellen dunkelgrün, an manchen Stellen gelblich, wieder an anderen Stellen, weiter oben, dort wo weniger Wasser ist, trocken und braun …

und während du dich nun dort ausruhen kannst und die angenehme Schwere deiner Arme und Beine spürst, kannst du vielleicht sehen, wie der Wind das Moos bewegt …

du kannst mit deinen Fingern darüber streichen und das weiche Moos fühlen … und wenn du dich tiefer darauf einlässt, spürst du vielleicht auch an deiner Haut, so als wärst du selbst dieses Moos, wie es sich anfühlt, wenn der Wind über es hinwegstreicht, es zärtlich berührt, oder kräftig durchkämmt …

und wenn es regnet, kannst du vielleicht spüren, wie das Moos trinkt und wie das Wasser sich belebend ausbreitet, in allem, was das Moos ist ... und wie das Moos sich vollsaugt und ein sattes, zufriedenes Grün entwickelt ...

und wenn die Sonne hervorkommt und das Moos wärmt und das Moos nimmt die helle Wärme auf und verwandelt sie in Wohlgefühl und in Kraft und auch der Stein darunter nimmt die Wärme auf, bis hinunter in seine unsichtbare Tiefe ...

und so ist das Moos rundum warm, oben von der Sonne, unten vom Stein wie von einem Speicherofen gewärmt ... und es wandelt das Licht in feste Materie um, und dabei wächst es durch das Licht ...

später im Jahr wehen Blätter auf das Moos, und es freut sich an der Farbe, an der vielfältigen Form der Blätter ...

irgendwann wird es Winter, und es legt sich eine weiche weiße Schneedecke über das Grün des Mooses und über die farbigen Blätter ... so werden die Blätter zu einem schützenden, wärmenden Mantel ...

unter dieser Decke ist ein angenehm gedämpftes Licht, eine tiefe Stille ... die Zeit verliert für einige stundenlange Minuten ihre Bedeutung, das kann bei einem strengen Winter auch Wochen dauern, und die Verbindung zwischen Moos und Fels wird in dieser Zeit tiefer, irgendwie inniger ... und das Moos genießt den Winter, die Zeit der Stille, unter der warmen Blätterdecke ...

es freut sich, weil es weiß, dass die Wärme wiederkommen wird, mit der Sonne und dem Licht, nach der Zeit der Stille ...

und so wirst du langsam feststellen, dass du genug geruht hast bei diesem Felsen ... und beginnst jetzt den Rückweg, in aller Ruhe und Gelassenheit ...

kannst dir unterwegs noch dieses oder jenes Moos anschauen ... und kommst schließlich hier wieder an, wirst mit dem Öffnen deiner Augen ganz wach und frisch ...

Helle Leichtigkeit

Anregungen: Licht steht für konstruktive Gedanken und Gefühle; die Vorstellung, dass Licht in den Zellen scheint, hilft gegen Depressionen und wirkt angstmindernd; es steht für einen klaren Verstand (»den Durchblick haben«, »Licht in eine Sache bringen«, »jemandem geht ein Licht auf«, »wir suchen nach der Erleuchtung« usw.); dort wo Belastung ist, fließt Licht ein, die Belastungen werden erleichtert und fließen weg.

… während du zur Ruhe kommst, kannst du dich mit dem Ausatmen nach unten sinken lassen. Und weil Ausatmen loslassen bedeutet, sinkt dein Körper in seiner natürlichen Schwere nach unten …

und wenn das Bewusstsein seine enge Bindung mit dem Alltag loslässt, in der Ruhe, wird es frei, es kann schweifen, sich mit diesem beschäftigen oder mit jenem, locker und frei … während dein Unbewusstes die frei gewordenen Energien nutzt, um deinen Körper zu erneuern, zu reparieren, wo nötig …

und weil das weiße Licht alle Farben beinhaltet, kann dein Unbewusstes eine Körperzelle nach der anderen mit Licht füllen und es einströmen lassen …

es kann dazu einen Lichtschalter benutzen, eine Kerze anzünden oder auch eine Handvoll Sonne hineintragen, dem Licht ist es schließlich ziemlich egal, wie genau es hineinkommt, denn es reinigt jede Zelle auf seine Weise gründlich und in die Tiefe …

das Licht wandert von Zelle zu Zelle, bringt leichte Helligkeit und Klarheit …

und weil die ganze Ewigkeit in jeder einzelnen Sekunde enthalten ist, denn Gegenwart und Zukunft sind in der Vergangenheit nicht wirklich trennbar, fließt helle Energie durch deinen ganzen Körper … prickelnd, wärmend, wohltuend …

und so kannst du dir vorstellen, vielleicht auch spüren, wie eine helle und warme Welle durch deinen Körper fließt … vom

Bauch breitet sie sich aus, mit dem Ausatmen prickelnd nach allen Seiten, hell und warm ...

und mit dem Licht steigt die Schwere auf ... helles Licht füllt dich aus ... Schwere steigt auf und mit jedem Pulsieren des Lichtes wirst du innerlich heller und gesünder und leichter ...

und es ist, als würdest du mit dem Ausatmen Schwere loslassen, und dort, wo Schwere war, fließt Licht hinein, mit jedem Ausatmen ein Stück mehr, leichtes Licht fließt in dich hinein ...

und es ist irgendwann vielleicht sogar so, als würdest du zu schweben beginnen, mit dem Ausatmen deutlich leichter werden ... und ich weiß nicht, wo in deinem Körper die Leichtigkeit deutlicher zu spüren ist als im Bauch, es mag sich anfühlen, als ob Luftballons dich nach oben tragen, schwerelos, in der Luft leise tanzend ...

und die helle Leichtigkeit breitet sich mehr und mehr über deine körperlichen Grenzen aus, nach links, nach rechts ... und wird in sich selbst farbig, an den Rändern deutlich begrenzt, wird sich öffnen für Gutes, das einfließt oder weitergegeben wird ...

und so kannst du es genießen, dich hell und leicht schweben zu lassen, in der Gegenwart, die schon einmal Zukunft war, in weit zurückliegender Vergangenheit und durch Ewigkeit auch die Vergangenheit einschließt, mit dem Ausatmen das Loslassen genießen, zufrieden mit dir selbst ... bis in deine Tiefen ...

um dich dann in deiner eigenen Geschwindigkeit zurückzuorientieren ... die Geräusche des Raumes deutlicher zu hören ... mehr und mehr in den Vordergrund rücken ... den ganzen Körper auf Aktivität vorbereiten und mit heller Freude und Frische in den Alltag hinein wieder wach werden ...

Haus der Farben

Anregungen: Das eigene innere Potenzial für konstruktive Veränderungen wird durch ein Haus dargestellt, das betreten werden kann; mit den geeigneten Farbvorstellungen in diesem Haus die eigene Stimmung und die körperliche Gesundheit verbessern; der Einfluss der Farben auf sich selbst kann über das Empfinden gesteuert werden.

… mit dem Ausatmen kannst du dich ein Stück sinken lassen, in eine angenehme Schwere und wohlige Wärme. So kannst du es genießen, vielleicht sogar schon ausgiebig genießen, bei dir zu sein, während du hier liegst und dein Atem dich ruhig und zuverlässig mit Energie versorgt …

wenn du so weit bist, kannst du jetzt noch tiefer gehen auf eine Ebene in dir, auf der du dich spüren kannst … und es genießen kannst, an manchen Stellen deutlicher, mit der eigenen, angenehmen Wärme ein gutes Gefühl genießen …

und so kannst du dir jetzt vorstellen, was alles dazugehört, in ein Haus zu kommen, während du einfach hier liegst, angenehm schwer oder leicht und wohlig warm und dein Unbewusstes sich wirklich gut um dein Wohl kümmert … während dein Atem dir stetig und zuverlässig Kraft bringt …

da mag es in deiner Vorstellung ein Haus geben und ich weiß nicht, wie die Umgebung des Hauses aussieht, vielleicht sind da Felsen, vielleicht eine Meeresküste … ein Wald, eine Wiese … ein Dorf oder alles zusammen, irgendwie ist es jedenfalls eine gute Umgebung …

und in dem Haus gibt es mindestens sieben Zimmer, so genau ist es von außen nicht zu erkennen, und während du dich dort umsiehst – und du brauchst mir nicht zuhören dabei – bewusst kannst du einfach genießen, hier zu sein, in diesem Moment … angenehm schwer und wohlig warm …

irgendwann jetzt bemerkst du, spürst es vielleicht irgendwo im Körper ganz intensiv, dass es ein besonderes Haus ist, freundlich und voller Lebensenergie …

deshalb begrüßt es dich freundlich, soweit ein Haus das eben kann, und so gehst du jetzt ein Stück weiter in deine Vorstel-

lung hinein, wenn du magst, um in das erste Zimmer hineinzuschauen, und du siehst, dass in diesem Zimmer alles rot leuch-
tet ...

und während du dich weiter umsiehst, entdeckst du ungefähr
in der Mitte des Raumes einen roten Kristall, der dort liegt und
das Zimmer mit einem hellen Rot ausfüllt ... er hat eine kraft-
volle und positive Ausstrahlung, pulsierend und warm strahlt
der Kristall sehr intensiv, vielleicht spürst du seine wohltuende
Wirkung bereits in deinem Körper, irgendwie ...

spürst die gute Wirkung an einer bestimmten Stelle, dort, wo
du seine Kraft brauchst ... und sie dir guttut ... er lädt dich auf
mit seiner guten Form der Energie, wenn du es magst ... und ich
weiß nicht, ob dein Körper mehr davon braucht, im Moment,
oder eher nicht, oder später ... und der Kristall geht auf deine
Bedürfnisse ein ...

und so folgst du einfach deinem Gefühl, das dir eine zuverlässige Antwort auf diese Frage gibt, und kannst dich dort vor
den Kristall setzen oder legen ... so lange, bis du angenehm gesättigt bist für dieses Mal ...

und dann, wenn es genug ist, die Tür wieder schließen, zur
nächsten weitergehen und hinter ihr strahlt ein orangener Kristall, gibt seine positive Kraft in das Zimmer ab, ein intensives
Leuchten ... und nachdem du hineingegangen bist, spürst du das
Licht wieder an einer bestimmten Stelle deines Körpers besonders intensiv, wie es dir guttut, dich mit seiner Kraft auflädt ...

und wieder entscheidest du mithilfe deines Gefühls, wie viel
du davon im Moment brauchen kannst ...

gehst dann weiter und kommst auf deinem Weg durch das
Haus in deiner Geschwindigkeit zu einem schönen Grün ... das
dir auf seine Weise guttut ...

in einem anderen Zimmer ist es ein blauer Kristall, der dir
seine Kraft anbietet ...

und du besuchst noch einen violetten Kristall ... einen gelben ... und vielleicht auch noch andere Farben ... ganz so, wie

es dir guttut … und bleibst jeweils so lange dort, wie es für dich gut ist, kannst dir dazu in den nächsten zwei Minuten alle Zeit nehmen, die du brauchst, um die Kräfte ausreichend in dir wirken zu lassen … und dich genau so lange beschenken zu lassen, wie es dir eben guttut …

und es ist nicht nötig, dass du dir bewusst vorstellen kannst, wie unglaublich heilsam die Farben für dich sind … du kannst ihre Wirkung einfach genießen … während du hier liegst, rundum eingehüllt von wohliger Wärme …

und da ist noch ein weiteres Zimmer, es liegt ein bisschen verborgen, es ist erfüllt von einem strahlenden Weiß, das aus einem ganz klaren Kristall kommt, eine friedliche und heitere Stimmung ist im Zimmer …

und indem du eintrittst, wirkt es wie eine wohltuend warme und reinigende Dusche, lockernd und erfrischend auf den ganzen Körper, den Geist und die Seele … du nimmst es an, bis es für den Moment genug ist, einfach genießen … ausgiebig genießen, was dir guttut …

und danach verlässt du auch dieses Zimmer, schließt die Tür, gehst aus dem Haus hinaus … schließt diese Dinge für den Moment ab …

und kommst in deiner eigenen Geschwindigkeit hierher zurück … bringst die wohltuende Wirkung mit … und lässt sie weiterhin in dir schwingen …

Inneres Wissen

Anregungen: Unsere Atmung verbindet uns mit allen Pflanzen; durch die Akzeptanz unserer Verbindung mit der Natur können wir die Natur und uns besser verstehen; die beruhigende Wirkung der Natur zulassen und aufsuchen; von den Pflanzen lernen, was für uns gut ist; sich selbst voller Vertrauen mögen; auf die innere Stimme hören, um zu wissen, was gut ist für dich.

… und während du dich auch innerlich zurücklehnst, in eine angenehm lockere Haltung, spürst du unter dir die weiche Unterlage, ganz nah bei dir … und noch näher um dich herum, deine warme Kleidung …

was sonst auch immer jetzt durch deine Aufmerksamkeit ziehen mag … du kannst fühlen, wo unter dir du dich am deutlichsten spürst, im Kontakt mit der Unterlage …

und mit der Atembewegung spürst du die Reibung der Kleidung auf deinem Bauch … am Oberkörper … und die Wärme der Haut an manchen Stellen deutlicher …

und wie mag ein Baum seine Atembewegungen spüren, denn irgendwie atmet auch er …

es fließt etwas von ihm durch dich und von dir durch ihn, wenn du in seiner Nähe einatmest und wieder ausatmest … und er einatmet … was du ausatmest … und umgekehrt …

er dir frischen Sauerstoff gibt, den er über seine grünen Blätter ausatmet, und ihr auf diesem Weg einander tief innen erkennen und verstehen könnt … einander fühlt auf einer Ebene und unbewusstes Wissen dabei austauscht …

und so ein Baum hat einen Bauplan in sich, nach dem er sich entwickelt, ohne bewusstes Wissen, vielleicht …

seine Rinde hat eine bestimmte Struktur und Stärke, seine Blätter entfalten sich danach, seine Wurzeln versorgen ihn aus der Tiefe und verankern ihn dort …

ein inneres Wissen, das seine ganze Gestalt mitbestimmt, ihn auf die richtige Weise Wasser aufnehmen und transportieren lässt, von tief unten in der Erde nach ganz oben in jedes Blatt hinein …

und jedes Lebewesen hat einen solchen Bauplan in sich, ein Wissen darüber, wie es gut ist, zu leben …

auch der Mensch hat ein tiefes Wissen über seine Gesundheit, wie die Dinge richtig sind im Körper, in der Seele, weitgehend verborgen vor dem bewussten Verstand … und was er tun muss, um gesund zu sein und im guten Kontakt mit seiner Umgebung und mit sich selbst …

und so kannst du dir erlauben, es dir vorzustellen, wie es ist, wenn die Dinge in dir gut laufen, auch jetzt … wie immer das auch funktionieren mag … und wie es sich anfühlt, wenn die Energien in den richtigen Bahnen strömen … während sie Kraft fördern, die dir guttut … während sie Gesundes schützen … und das, was dir nicht guttut, loslassen oder sogar abwehren …

und vielleicht ist dieses Wissen in dir wie ein kleines Kind, das nicht viel weiß von Vernunft und Reichtum und Besitz, das aber fühlt, was gut ist und schön … und so kannst du es in dir herzlich begrüßen, es anlächeln, es in den Arm nehmen …

und das, was es dir geben kann und möchte, ruhig annehmen, sich in dir ausbreiten lassen, wie ein warmes, helles Licht in deinem ganzen Körper …

und wie es sich wohl anfühlen mag, wenn das Wasser aus der Erde durch den Baum strömt, überall hin … im Sommer kühl und erfrischend, im Winter warm und schützend, aus der gleichen Tiefe …

auf diese oder eine ähnliche Weise kannst du dich in dir mögen und dir erlauben, dich zu lehren, mit offenen inneren Augen, wie ein Kind, das auf die Erde gekommen ist, um zu leben und zu lernen, voller Vertrauen und Liebe … immer wieder …

um dich dann zu sammeln … und mit einem Lächeln für dich selbst hierher zurückzukommen … mit dem Einatmen frisch und klar werden dabei …

In einer Seifenblase reisen

Anregungen: durch den Gebrauch unserer Fantasie die begrenzten Einstellungen des Verstandes verlassen und unsere starken inneren Kräfte zur Heilung anregen; dir Gutes tun lassen; dich an die Fähigkeiten der Natur erinnern, die ständig wächst, sich erneuert und alte Strukturen aufbricht, damit auch aus der geschlossenen Teerdecke Pflanzen wachsen können; dich den guten Kräften in der Natur öffnen.

… während du hier liegst, in der Haltung, in der du dich wohlfühlst, und mit dem Ausatmen Spannung abfließt, ganz automa-
tisch, hast du in deiner Vorstellung jederzeit die Freiheit, diesen
Ort zu verlassen und das Gefüge der alltäglichen Enge hinter dir
zu lassen. So weit, wie du dich wohlfühlst dabei …

und wie schon so manches Mal kannst du in deiner Fantasie einen Weg gehen, zu einer Wiese, die dort in der Frühlings-
sonne liegen mag, mit frischem grünem Gras, dem gelben Lö-
wenzahn mit seinen gezackten Blättern in der warmen Luft …

manchmal lassen Kinder Seifenblasen zum Himmel steigen,
der Wind nimmt sie auf, und während er mit ihnen spielt, verändert er ihre Form … das Licht der Sonne scheint in die durch-
sichtigen Kugeln und erzeugt alle Regenbogenfarben …

während sie fast schwerelos dahinschweben, über sich den
blauen Himmel mit seiner Weite, unter sich die Farben des
Frühlings, die verschiedenen Grüntöne, das Gelb des Löwen-
zahns und die Farbtöne anderer Blüten …

und es gibt seit einiger Zeit auch Ringe, aus denen große Seifenblasen entstehen, wenn sie durch den Wind gezogen werden,
und es ist jetzt nicht wirklich wesentlich, wie dein Verstand es
sich erklären kann …

wenn du es fühlst, wie es ist, auf einer solch großen Seifenblase zu sitzen, oder in ihr aufrecht und mit erhobenem Kopf
und ausreichend mit frischer Luft versorgt bist, über deine gelassene Atmung …

und hinaufzusteigen, immer höher, so weit, wie es angenehm
ist in deiner Vorstellung, während du hier liegst, in dieser Wirklichkeit deines Körpers, angenehm schwer oder leicht und wohlig warm …

und so kann deine Vorstellung sich lösen und mitschweben,
über Bäume, zeitweise begleitet von Vögeln … und du kannst
die Welt verwundert und doch leicht betrachten, aus dieser ungewohnten Perspektive, dich schweben lassen, über Landschaften, um dich Hügeln zu nähern, mit deiner Seifenblase … in ein
weites Tal hineinschweben, lautlos, schwerelos …

wirst begrüßt von leichten und sanften Schmetterlingen ... und die Seifenblase schwebt auf einen sonnenbeschienenen Blumenfleck zu, es ist ein Kreis mit bunten Blumen, in dessen Mitte eine weiche Decke liegt, auf einer Steinbank ...

und weil es so einladend ist, und du gerade nichts anderes zu tun hast, steigst du aus deiner Seifenblase aus, setzt dich auf die weiche Decke und genießt die Ruhe und die Farben deiner Umgebung ...

legst dich dazu in deiner Vorstellung bequem hin ... die Farben schmeicheln deinem Auge, wie auch ihre Düfte deiner Nase ... und nach einiger Zeit bist du wie eingeschlafen, ruhst tief und erholst dich gründlich dabei ...

und du magst träumen, wie die Blumen sich dir zuwenden, dich freundlich anlächeln, und sie dann irgendwie aufstehen, die Blumen, und zu dir kommen ... gemeinsam ein leichtes und luftiges Tuch über dich spannen, zum Schutz vor der Sonne ... sie öffnen deine Kleidung, klappen sie vorsichtig wie Blütenblätter nach außen und beginnen damit, dich mit einem besonderen Öl einzureiben, das deiner Haut sehr guttut ...

weich und doch fest streicheln sie deine Haut, das Öl bekommen sie aus ihren Blütenkelchen, gebildet in ihren Wurzeln während des Winters, mit den Beigaben der Erde, gereift in den Tagen und Nächten des Frühlings, unterstützt von der Sonne ...

jede um dich herum spendet etwas davon, freundlich und gerne, und es beruhigt und belebt dich gleichzeitig, erneuert deine Haut, verbindet sich mit ihr auf eine gute Weise ...

und wenn du genauer hinschaust, kannst du erkennen, dass bestimmte Blumen für bestimmte Zwecke ihr Öl spenden ... die einen lassen eine Entzündung abklingen, andere lassen Schwellungen heilen, wieder andere lassen Schmerzen ausklingen ... und mehrere werden zusammengemischt und sind dann besonders wirksam, um Warzen oder andere Hautveränderungen aus der Haut zu entfernen, bis in ihre Wurzeln hinein, die verschwinden einfach ...

um danach die Haut zu glätten, als wäre nie etwas anderes gewesen, als frische und gesunde Haut …

und die Öle wirken auf der Oberfläche und sinken auch tiefer hinein, geben deinem Körper, was er braucht, mit dem uralten Wissen der Natur und ihrer Blüten über die Zusammenhänge der Dinge …

ihre Farben wirken über deine Augen, ihre Düfte über deine Nase und ihre nächtlichen Gesänge über deine Ohren, bis tief hinein in deine Seele und in deinen Geist, um dort zu heilen, sodass es sich auch in deiner Haut zeigt …

ein frisches Gefühl fließt durch dich hindurch … und so genießt du es, die guten Dinge geschehen zu lassen …

um dann, nachdem die Dinge nun fortgeschritten sind und deine Kleidung sich wieder schließt, wie so manche Blüte, wenn die Sonne sinkt … deine Seifenblase wieder zu besteigen, dich freundlich und geduldig zu verabschieden, herzlich zu bedanken …

und nun zurückschweben, deine Seifenblase bringt dich sicher an deinen Ausgangsort zurück …

von wo du in deiner eigenen Geschwindigkeit wieder hierher zurückkommst … frisch und ausgeruht, mit einer erneuerten Haut … wie nach einem tiefen und erholsamen Schlaf …

Warmer Wind

Anregungen: Wind kann als Hauch sanft streicheln, er kann aber auch enorme Gewichte langsam und stetig davontragen; auch sanfte Kräfte können scheinbar Unmögliches bewegen; die Begrenzungen des Verstandes sich öffnen lassen; Perspektiven erweitern; Geduld und Akzeptanz aus dem Kreislauf der Natur schöpfen.

… du kannst dich jetzt einfach bequem hinlegen oder hinsetzen. Lass deine Arme und Beine beim Ausatmen hinuntersinken und genieße es, für ein paar Minuten ausruhen zu können …

du kannst dir einen warmen Wind vorstellen, der mit den Blättern an den Bäumen spielt, der das Fell einer Katze bürstet und der jede einzelne Spannung in deinem Körper einhüllt wie ein weicher, warmer Mantel ... sodass die Spannungen in dir schmelzen wie hartes Eis in der warmen Sonne ... sodass sie davonfließen wie weiches, warmes Wasser ... sich auflösen und wegfließen ...

warmer Wind, der jedes unangenehme Gefühl in dir findet, es mit sich nimmt und davonträgt, weit genug weg ...

so wie er in der weiten und heißen Wüste einen Sandberg mit großer Geschwindigkeit oder langsam und stetig mitnehmen und woanders wieder absetzen kann, in der Unendlichkeit der Wüste ... bis der ganze große Sandberg nicht mehr zu finden ist, dort, wo er einmal war ...

eben stand er noch im Weg, wie ein Berg schien er unüberwindbar und unverrückbar mit seinem riesigen Gewicht und plötzlich gibt es ihn nicht mehr, der warme Wind hat den riesigen Berg aufgeteilt, hat alle seine leichten kleinen Sandkörner aufgenommen und davongetragen ... so wurde der schwere Berg ganz leicht ...

sogar auf unseren Autos sehen wir manchmal braune Reste der Sandberge aus der weit entfernten Wüste, der Wind hat sie entlang unsichtbarer Straßen am Himmel bis zu uns getragen ... der Regen hat sie dort, hoch über uns, aus der Hand der Wolke aufgenommen und heruntergewaschen, auf die Blätter der Bäume, auf die Dächer und Fensterscheiben, auf die Straßen und auf Autodächer ...

und ganz gleich, wie weit der Weg sein wird, das Wasser bringt die Sandkörner irgendwann zurück zu ihrem Ursprung, über irgendein Rinnsal in einen Fluss ... der bringt sie in das Meer, geduldig über unvorstellbar lange Zeit ...

das Meer spült sie irgendwann wieder an die Strände, wo der Wind sie trocknen, wieder aufnehmen und davontragen wird ... natürlich dauert das seine Zeit, aber auf der Uhr der Erdgeschichte sind das nur Sekunden ...

in der Vorstellung, irgendwie ist auch sie wirklich, kannst du alle Schmerzen und Spannungen an ihn abgeben, die du nicht brauchst, du kannst sie deinem Atem mitgeben, denn dein Atem ist ein kleiner Bruder des warmen Windes ...

und das muss nicht alles auf einmal sein, weil der warme Wind immer wieder vorbeikommt, auf seinen unendlichen Reisen, er streichelt und wärmt dich ...

er ist so alt wie die Zeit selbst und hat schon unvorstellbar vieles mitgenommen und gebracht ... er bringt dir Wärme und Wohlgefühl in den ganzen Körper, er kann deine Fantasie mitnehmen und ihr Dinge zeigen, Farben und Formen, die ihr vorher unbekannt und vielleicht sogar unvorstellbar waren ...

und so kannst du es genießen, einfach nur dazuliegen, in diesem Moment, angenehm schwer oder leicht und wohlig warm, überall genießen ...

sodass in dir jetzt der Wunsch entsteht und wächst und daraus ein fester Entschluss wird, wieder wach zu werden ...

und du in deiner eigenen Geschwindigkeit wieder hierher zurückkommst ... und dabei wirst du mit jedem Einatmen frischer und klarer ...

Urlaub für den Schmerz

Anregungen: Die Aufgabe des Schmerzes ist es, uns auf ein Problem hinzuweisen, sobald es erkannt und gewürdigt wurde, kann er sich erholen; indem ihm Urlaub angeboten wird, wird er anerkannt, dadurch ändert sich das Verhältnis zu ihm grundlegend konstruktiv; das Verhältnis zum Schmerz ändert sich von Kampf zu Zusammenarbeit; das Unbewusste nutzt sein Wissen und seinen Rat.

... wenn man darüber nachdenkt, gibt es vielleicht immer irgendwelche Worte, die nachklingen. Wenn sie nicht eben gesprochen wurden und deshalb noch nachhallen im Denken, dann wurden sie gedacht, während es für die Ruhe nicht wirklich wichtig ist, welche Worte das sind, wo sie herkommen und wo sie hingehen …

auch die Gedanken schwingen noch im Kopf zwischen den Ohren hin und her, schaukeln vielleicht einmal an der Nase … während der Körper die Gelegenheit nutzt und hinuntersinkt, in seine angenehme Schwere und wohlige Wärme …

auch innerlich, sich ein Stück sinken lassen, weg von der bewegten und schnellen Oberfläche des Alltags, die nächsten Minuten für sich nutzen dürfen und in das Reich der Vorstellung gehen, wie nachts beim Einschlafen, aus dem auch die unglaublichen Träume kommen …

während der Körper sich also hier in Ruhe erholt, auf seine Weise, die dem Verstand oft fremd ist … deshalb ist es gut, wenn der Verstand sich davon ein Stück weit entfernt, damit der Körper sich wirklich in Ruhe um sich kümmern kann …

und so kannst du dir in deiner Vorstellung verdeutlichen lassen, dass der Schmerz ein wirklich guter und auch ein bedeutender Freund ist … er ist fast immer ungeliebt und tut dennoch seine Arbeit, die dem Erhalt der Gesundheit dient …

und so kannst du in deiner Vorstellung etwas Außergewöhnliches tun, indem du dich ihm zuwendest und ihm für die nächsten zwei bis drei Minuten Urlaub gibst …

er wird vermutlich erstaunt reagieren und vielleicht protestieren, der Schmerz, denn er weiß, wie wichtig er ist … aber er wird sich auch freuen, denn selten schaut ihn jemand bewusst an und kaum jemand würdigt seine Arbeit …

und er kann sich wirklich nicht erinnern, wann ihm jemand zuletzt Urlaub angeboten hat, er braucht deshalb ein ganzes Weilchen, um sich an den Gedanken zu gewöhnen, vergewissert sich, dass du verstanden hast, auf der richtigen Ebene, was er dir sagen möchte, zu welchem Zweck er eigentlich bei dir ist …

wenn er eine unmittelbare Bedrohung des Körpers anzeigt, muss er so lange erhalten bleiben, vielleicht sogar verstärkt werden, bis Maßnahmen ergriffen werden, um die Gesundheit zu erhalten …

denn immer sollte die Erhaltung der Gesundheit angestrebt werden und es gibt immer auch Wege, die dazu begangen werden können, auch wenn sie zunächst im Verborgenen liegen …

er packt dann jedoch sein Bündel und verlässt für ein Weilchen seinen Wirkungskreis, vielleicht das erste Mal seit Langem …

und es tut ihm sehr gut, gehen zu können, auch er muss sich erholen …

und so kannst du es dir in der Zwischenzeit irgendwie auch gut gehen lassen, vielleicht ein paar schöne Bilder kommen lassen, vielleicht aus der Vergangenheit oder aus der Fantasie, und Gefühle, die dir guttun, während für deine Heilung gesorgt wird …

und ich weiß nicht, wann der Schmerz zurückkehrt, zuerst wird er sehr leise kommen, denn eigentlich ist er sehr rücksichtsvoll …

und wenn er feststellt, dass du ihn gerade nicht brauchst, wird er wieder gehen, denn Arbeit gibt es für ihn auch bei anderen …

danach muss er nicht suchen, durch seinen Urlaub ist er auch ausgeruht und kann deinem Unbewussten Ratschläge geben, wie dir zu helfen ist, damit er häufiger mal gehen kann … und schließlich sogar unnötig werden wird …

vielleicht wird er in Zukunft noch weitere freundliche und beratende Gespräche mit deinem Unbewussten führen, denn wie du weißt, aus deiner Erfahrung, laufen die Dinge nach einer ausreichenden Pause besser und ruhiger, auf neuen Wegen oft, die vorher nicht einmal zu ahnen waren …

und wenn der Schmerz erholt ist, hat auch er sich verändert … denn nichts, was einmal geht, wird genauso zurückkommen, wie es gegangen ist … deshalb kannst du dich in deiner Vorstellung mit ihm an einen Verhandlungstisch setzen, einen

Tee trinken und die Dinge neu betrachten … er wird dir wichtige Tipps geben …

du magst erstaunt sein, wie viel er weiß, über deinen Körper und seine Gesundheit, deshalb ist es gut, wenn du ihm aufmerksam zuhörst und das, was er dir sagt, befolgst …

wende das Neue an, anfangs vielleicht probeweise, immer dann, wenn es zu viel wird und die Last zu groß wird, und der Schmerz freut sich, denn niemand hat ihm je zuvor Urlaub gegeben …

er bedankt sich und dabei kannst du feststellen, dass er ein freundliches Gesicht hat und gütige Augen …

während du jetzt mit dem Ausatmen noch ein Stück tiefer sinken kannst, so tief, dass du die positiven Veränderungen in Ruhe geschehen lassen kannst … während du einfach nur hier liegst, angenehm schwer oder leicht und wohlig warm …

um danach allmählich in deiner eigenen Geschwindigkeit hierher zurückzukehren … klar und ausgeruht … so schnell oder langsam, wie es dir guttut …

Nachtigall

Anregungen: Dich selbst zu mögen ist sehr wichtig, denn ein Mensch, der sich mag, passt gut auf sich auf und hat einen besseren Zugang zu seiner Kreativität; wer sich mag, fühlt sich in und mit sich selbst besser.

… während du jetzt einfach nur zuhörst, kann dein Körper die Gelegenheit nutzen und sich ausruhen. Deine Beine und Füße können hinuntersinken, deine Arme, Schultern und Hände sinken in ihrer eigenen Schwere auf die Unterlage. Auch dein Rücken, dein Po, dein Oberkörper und dein Bauch können sich ausruhen und nach unten sinken …

wenn du liegst, können dein Hals und dein Kopf die Spannung loslassen und es sich gut gehen lassen, der Unterkiefer kann nach unten sinken, die Zunge kann bequem im Mund liegen und sogar die Ohren können ein Stückchen hängen. Im Moment kann sich dein ganzer Körper wohlfühlen mit sich selbst, mehr oder weniger …

denn durch unseren Alltag begleiten uns verschiedene Ideen. Wir wollen intelligent sein, stark oder erfolgreich. Sich selbst zu mögen, ist nicht nur eine Idee, sondern auch ein wichtiges Bedürfnis jedes Menschen …

irgendwann vor einiger Zeit ist es im Denken der Menschen unwichtig geworden, sich zu mögen. Deshalb ist diese Idee heruntergefallen. Fast unbemerkt fiel sie auf den Boden, nur wenige Menschen haben noch ein größeres Stück von ihr behalten …

sie liegt seitdem irgendwo auf dem Boden des Alltags, zwischen Blättern und Kieselsteinen, sie wird vom Wind zur Seite geweht und vom Regen weggespült. Zusammen mit Sand und Blättern schwimmt sie unbeachtet davon …

obwohl sie sehr hell ist und von schöner Gestalt, fällt sie doch kaum jemandem auf, denn die begehrenswerten Ideen werden oben gesucht, zwischen den Bäumen und den Wolken …

die meisten Menschen haben es verlernt, auf dem Boden nach etwas Wertvollem und Schönem zu suchen …

aber manchmal nachts, wenn es dunkel ist und der Verstand ruhig schläft, kommt eine Nachtigall aus dem Schutz der Bäume, sie nimmt die Idee »sich zu mögen« vorsichtig in ihren Schnabel, erhebt sich vom Boden und trägt sie hinauf in die dunkle Nacht, immer höher …

ganz weit oben beginnt sie zu schweben, öffnet ganz vorsichtig ihren Schnabel und lässt die Idee los, um ihr zuzuschauen, wie sie nach unten schwebt. Heller und schöner als ein Stern gleitet sie fröhlich und lautlos durch die dunkle Nacht …

die Nachtigall begleitet sie nach unten, weil sie gerne bei ihr ist, während die Idee sich langsam den Häusern der Menschen nähert …

und während die Nachtigall neben ihr ist und ihren hellen Schein bewundert, beobachtet sie, wie die Idee durch ein offenes Fenster in ein Schlafzimmer schwebt und sich wie ein Hauch auf die Stirn eines Menschen legt, ganz leicht und hell …

das schlafende Gesicht des Menschen verändert sich sofort, es entspannt sich, wird weich und glatt, als würde es von innen heraus strahlen, alles an ihm beginnt zu lächeln … denn sie wirkt tief hinein, die Idee »sich zu mögen«, in den ganzen Körper, der sich freut und kräftig wird und gesund …

und die Nachtigall sieht es vom Fensterrahmen aus und freut sich und singt ganz leise ihr schönes Lied, begleitet so die Wirkung der Idee, ganz leise, um den glücklichen Menschen friedlich schlafen und träumen zu lassen …

am nächsten Morgen wacht der Mensch auf, die Idee ist bei ihm, unsichtbar und doch deutlich fühlbar, und er sieht durch ihr Strahlen alles heller … und er fühlt sich ganz ungewöhnlich gut mit sich selbst und passt gut auf sich auf …

wenn der Mensch es wissen will, erklärt die Nachtigall es ihm, wie es kommt, dass er sich so gut fühlt … und jeder Mensch versteht es unbewusst, wenn die Nachtigall etwas erklärt, sodass er die Idee von nun an achtet, sich mag und glücklich ist mit sich …

dann kann die Idee vor der Morgendämmerung zufrieden wieder aus dem Fenster schweben, hin zur Nachtigall, wissend, dass sie dennoch bleiben wird, im Herzen dieses Menschen …

und so orientierst du dich nun wieder zurück … wirst mit jedem Einatmen klarer und frischer und magst dich tief in dir, um dich wohlzufühlen mit dir … so wie du eben bist …

Ein normales Blatt

Anregungen: dir erlauben, normal zu sein; die Veränderungen des Lebens akzeptieren und die guten Seiten jedes Lebensabschnitts sehen und nutzen; es ist entlastend, normal sein zu dürfen, dich

*so akzeptieren, wie du eben bist und dadurch innere Ruhe fördern;
die Veränderungen des Lebens bringen nicht nur Falten, sondern
auch viele wertvolle Erlebnisse und Erfahrung; jedes Lebensalter
hat seine schönen Seiten, wenn du dich dafür öffnest.*

… während du nun hier bist und deine Spannungen loslassen
kannst, kann dein Körper in seine eigene Schwere sinken, angenehm, und wohlige Wärme breitet sich aus. Deshalb kannst
du dich erinnern und dir vorstellen: An den Ufern eines Flusses
lebte ein kleiner Baum. Er war noch nicht so alt, vielleicht drei-
ßig oder vierzig Jahre, und das ist nicht alt für einen Baum …

und nachdem es wieder Frühling geworden war, entwickel-
ten sich seine Blätter. Es waren schöne und weiche Blätter, hell-
grün, fast gelb, glatt und glänzend. Sie waren dazu bestimmt, die
Sonne aufzunehmen, ihre Wärme und ihr Licht … den Regen
und den Tau der Nacht … und auch Wasser abzugeben, zu anderen Zeiten …

und eines dieser Blätter war ein besonders durchschnittli-
ches Blatt. Es war besonders normal, dieses Blatt, und so lebte
es auch sein ganz normales Leben durch den Frühling hindurch.
Es wurde größer und kräftiger, sein Grün dunkler, seine Oberfläche rauer. Es ließ sich vom Wind streicheln und bewegte
sich harmonisch im Einklang mit den anderen Blättern. Beim
gemeinsamen Rauschen im Winde hatte dieses Blatt eine ganz
normale Stelle und so lebte es in den Sommer hinein …

und durch ihn hindurch. Es erlebte heiße Tage, an denen es
beschattet wurde und selbst beschattete … erlebte Regengüsse,
von denen es gewaschen wurde … und laue Sommernächte. Es
sah den Fluss an- und abschwellen und die Lebewesen im Fluss,
wie sie sich bewegten und ihr Leben lebten, und ganz normal
und gelassen ließ es den Sommer über sich ergehen …

allmählich kam der Herbst und mit dem Herbst veränderte
es seine Farbe. Es wurde schön eingefärbt. Zum dunklen Grün
kamen Rottöne, Gelb und Braun …

und wenn man in den farbigen Baum hineinsah, vor einem blauen Herbsthimmel, man konnte es nicht entdecken, so normal war es. Es war überhaupt gar nichts Besonderes an ihm, außer dass es ganz besonders normal war …

der Herbst überschritt seine Mitte. Er begann sich dem Winter zu nähern und die Zeit des Blattes ging zur Neige. Es wusste davon seit seinem Beginn und freute sich seit einiger Zeit auf die neuen Dinge, die nun kommen werden. Rechtzeitig hatte es angefangen, sich zu lösen. An einem schönen Herbstmorgen, die Sonne schien warm, die Nebel über dem Fluss hatten sich verzogen … ließ es sich schließlich fallen. Der Wind nahm es in seine großen Hände und trug es sanft hinunter auf den Fluss …

dort wurde es zu einem weiteren Farbtupfer neben vielen anderen. Der Fluss nahm es gerne mit. Interessiert sah es die vielen neuen Dinge rechts und links an den Ufern und es freute sich am Schaukeln auf den Wellen …

und nach langer Reise wurde es an den Damm eines fleißigen Bibers gespült. Vater Biber ging hin, sah es sich an und konnte überhaupt nichts Besonderes an ihm entdecken. Aber er freute sich, dass dieses Blatt seinen Damm verstärkte, ohne dass Vater Biber auch nur einen Finger dafür gekrümmt hatte, und so schlenderte er, leise vor sich hin pfeifend, zurück zu seinem Biberschaukelstuhl. Er ließ sich mit seiner ganzen Schwere angenehm hineinsinken und genoss, langsam schaukelnd, die warmen Strahlen der Herbstsonne …

und weil es gerade die normalen Dinge sind, die uns den Alltag gemütlich machen, wirst du nun mit jedem Atemzug mehr Frische aufnehmen … und schließlich gestärkt und wach in diese Realität zurückkehren. So schnell oder langsam, wie es gut ist für dich …

5 Besser ein- und durchschlafen

Anhaltende Schlafstörungen haben zur Folge, dass man zwar sehr müde ins Bett geht, im Bett selbst aber eher wacher wird, weil man davon ausgeht, dass man sowieso nicht schlafen kann. Oder aber man schläft vor Erschöpfung schnell ein, wacht aber nach wenigen Stunden wieder auf und kann dann nicht mehr einschlafen. Die Erwartung der Schlaflosigkeit ist problematisch. In der Annahme, dass man nicht schlafen wird, gerät der Körper unter Spannung – und kann deshalb nicht einschlafen. Die Geschichten in diesem Kapitel helfen, die Anspannung loszulassen und so die körperlichen Voraussetzungen für den Schlaf zu fördern. Auf psychischer Ebene wird eine spielerische Gelassenheit angeregt.

Den Ruheschmetterling kommen lassen

Anregungen: Ruhe wird sich als Schmetterling vorgestellt, die Aufmerksamkeit wird also aus dem gewohnten Rahmen weggelenkt, sodass die mit den Schlafstörungen verbundene Anspannung einfacher losgelassen wird; im Vergleich mit dem Schmetterling wird deutlich, dass Schlaf nur zugelassen werden kann, indem losgelassen wird; der Schmetterling hat ein großes Wissen, das er gerne mit dir teilt, sobald er bei dir ist; er verrät dem Unbewussten, wie er in Zukunft leichter zu dir kommt.

… und während ein Teil deines Unbewussten – und im Moment auch noch deines Bewusstseins – sich damit auseinandersetzen mag, ob die Entspannung an sich männlich oder weiblich ist, kannst du deine Glieder jetzt erst einmal ein Stück weit hinuntersinken lassen, in ihre eigene angenehme Schwere und wohlige Wärme …

und die Ruhe kann sich in dir ausbreiten und die Ruhe wird sich auch unabhängig davon ausbreiten, ob sie von uns als männlich oder als weiblich bezeichnet wird … und wenn die Ruhe eine Person wäre, würde sie eher als Mann oder als Frau erscheinen, die angenehme Ruhe, die man sich so sehr wünscht, manchmal …

und wer oder was könnte sie aufhalten, wenn sie zu dir kommen möchte, die Ruhe … ist sie nicht vielleicht ein zarter Schmetterling, der von jedem Windhauch und mehr noch von Ärger und dem Sturm der Gedanken davongetrieben werden kann …

und ich weiß nicht, ob du dir jetzt einmal vorstellen möchtest, wie der Sturm allmählich nachlässt, sodass der Schmetterling leichter zu dir kommen kann …

und es ist schön, wenn das langsam geschieht, sodass du dir die Farben des Schmetterlings in aller Ruhe ansehen kannst … weil er näher kommt, während du einfach nur hier liegst, angenehm schwer und wohlig warm …

vielleicht kannst du dir sogar vorstellen, welches Geräusch das fast lautlose Schlagen seiner Flügel hervorruft … während er geduldig näher kommt, sich dir freundlich nähert …

und es ist nicht immer der gleiche Schmetterling, der dir die tiefe Ruhe bringt, die anfangs noch recht leicht ist … deshalb können sich auch von Mal zu Mal die Farben verändern, die hinter den geschlossenen Lidern immer in den Schlaf hineingeleiten, oft unbemerkt … und ich weiß nicht, welche Farben er heute Abend haben wird …

je näher er kommt, ab einer gewissen Grenze, die das Bewusstsein nicht genau kennt und auch niemals kennenlernen wird, verschwimmen seine Konturen und seine Farben, es wird ein insgesamt gutes Gefühl daraus … eher hell, wenn er dir wirklich nahe kommt, denn er bringt die wohltuende Ruhe zu dir, die heilt und erfrischt …

das Gesicht der Ruhe kennt dein Bewusstsein nicht aus der Nähe, wohl aber ein Teil deines Unbewussten, das mit ihr sogar gut befreundet ist, sie voller Freude willkommen heißt und ihr Gesellschaft leistet, solange sie bei dir ist ...

und im Laufe der tiefen Ruhe hat der Schmetterling weise Dinge zu erzählen und er tut es mit viel Freude, denn er ist von Natur aus großzügig und sehr liebevoll ...

er hat schon alles von der Welt gesehen und berichtet dir bereitwillig von allem, was du wissen möchtest ... und manchmal, wenn du es wünschst, nimmt er dich ein Stück mit auf seine Reise, um dir Landschaften und anderes zu zeigen, das dir Freude macht ... er kennt dich gut und lange und weiß, was dir guttut ...

und wenn ihr so auf Reisen seid, denkt dein Bewusstsein vielleicht wieder einmal, es sei nur ein Traum, wenn der Schmetterling dich auf seine Schwingen nimmt und dich hinaufträgt, in die Tiefe des Himmels und in die Welt der Freuden und Genüsse und dir zeigt, wie du es dir wirklich gut gehen lassen kannst ...

und nach einiger Zeit bringt er dich dann wieder zurück und setzt dich sanft ab, er verabschiedet sich freundlich und verspricht dir, jederzeit wiederzukommen, sobald du es wünschst ...

und er verrät deinem Unbewussten noch ein kleines Geheimnis, wie du ihn in schwierigen Fällen besonders schnell zu dir kommen lassen kannst ... wie du die Stürme und Winde, die ihn abhalten könnten, schnell abflauen lassen kannst ...

und so schließt du diese Dinge nun in deiner eigenen Geschwindigkeit ab ... und kehrst frisch und klar und mit neuem Wissen hierher zurück ...

Beide Ohren gleichzeitig

Anregungen: Die Erinnerung an das Gefühl eines erholsamen Schlafes fördert den Schlaf; mit beiden Ohren gleichzeitig in die Federn hineinhören begleitet in den Schlaf, indem die Aufmerksamkeit in kreative Bereiche gelenkt und Spannung gelöst wird; ein schöner Traum in der kommenden Nacht wird angeregt.

... du kannst dich jetzt einmal erinnern, mit allem, was dazugehört, an einen erholsamen Schlaf ...

das kann gestern gewesen sein oder irgendwann vor vielen Jahren, an diesen Geruch des Schlafes erinnern, den dein Bewusstsein nicht wirklich kennt und der doch ganz typisch ist, den deine Nase deshalb gut kennt ...

und es gibt auch die Geräusche des Schlafes, die auch mit der anderen Art zu hören zu tun haben, die so typisch ist für den Schlaf ...

es gibt dieses ganz bestimmte Gefühl der Geborgenheit, der Ruhe und auch der besonderen, geheimnisvollen Kreativität im Schlaf ... und im Kissen, zwischen den Federn, wohnen die Träume ...

und es ist unwichtig, wie sie dort hingekommen sind, oder wann, genauso unwichtig ist es, was dein oder mein Verstand davon hält, sie sind unsichtbar für das normale Sehen, sie können nur nachts im Schlaf zu uns kommen, wenn der Kopf tief hineingesunken ist in das weiche, warme Kissen ... und in die wohlige Wärme des gesunden Schlafes, deinen ganzen Körper wohlig und warm eingehüllt hat ...

wenn der Geist sich immer mehr befreit hat, sich gelöst hat von den Gewichten des Alltags, schließlich selbst zu einer Art Traum geworden ist, schwerelos ... weich ... wenn ein Ohr auf dem Kissen liegt und den Alltag nur noch gedämpft hört ...

dann erzählt es aus den weichen Federn heraus von schönen Erlebnissen, vom Fliegen über Berge und Wälder, von der unbeschwerten Liebe, von Feenwäldern mit zauberhaftem Licht … Sehnsüchte sind manchmal auch dabei und Traurigkeit, manchmal, und dann wieder Fröhlichkeit, intensive helle Freude …

die sich im ganzen Körper ausbreitet, ihn leicht ausfüllt, ihn manchmal überschwemmen kann, mit der Lust zu leben, sich im ganzen Körper ausbreitet, deine Seele nährt und gedeihen lässt …

und so träumst du hin und wieder einen schönen Traum, vielleicht vom Fliegen auf einer weichen Wolke, auf einem Vogel oder vielleicht tust du es selbst, einfach fliegen, im Traum ist alles möglich …

und wenn du dich umdrehst im Schlaf, auf dein anderes Ohr, kommt ein neuer Traum, denn die Ohren sind für unterschiedliche Träume empfänglich … vielleicht von einer Unterwasserreise als Taucher oder als Fisch oder von einer schönen Begegnung mit einem wertvollen Menschen …

und es wäre interessant zu wissen, was wohl wäre, wenn beide Ohren gleichzeitig auf dem Kissen liegen würden … wenn dann gleichzeitig zwei verschiedene Träume aus dem Kissen kämen, in jedes Ohr einer …

aber wie soll das gehen, zwei Ohren eines Kopfes auf einem Kissen … zum Glück wissen wir, dass im Traum sogar das ohne Weiteres möglich ist …

und so verweben sich die beiden Träume im Traum zu etwas ganz außergewöhnlich Schönem, das in allem, was du bist und fühlst, ein helles Echo hervorruft …

deshalb kannst du das leise Flüstern der Träume genießen … als Vorgeschmack auf die kommende Nacht … um den einen oder anderen schönen Traum heute Nacht besonders intensiv genießen zu können …

und so wirst du dich in deiner eigenen Geschwindigkeit … hierher zurückorientieren … um wieder wach zu werden …

Gesunde Ruhe

Anregungen: Entspannung erinnern und dadurch auch im Moment besser zulassen können; die Vorstellung der Gesundheit fördert gesunde Prozesse; fehlende Vollkommenheit akzeptieren als Normalität; auf verschiedenen Ebenen gesunde Vorgänge und Empfindungen zulassen; das Unbewusste beauftragen, Gesundheit zu fördern; im Alltag weiterhin begleitet werden durch die Gesundheit.

… während du irgendwie schon begonnen hast, diese und die nächsten Minuten zu genießen, willst du dich vielleicht erinnern, an andere Situationen, in denen du Spannung und Gedanken loslassen konntest …

dabei werden deine Körperteile es verschieden intensiv genießen, einfach nur hier zu liegen …

dabei können deine Glieder sich sinken lassen, in ihre angenehme Schwere und wohlige Wärme … während du dich erinnern magst, an eine vergangene Situation, in der du dich ähnlich angenehm und locker dem Moment anvertrauen konntest …

und Erinnerung muss nicht immer bewusst sein, vermutlich beginnt sie immer unbewusst und erhält fast ihr ganzes Material aus dem Unbewussten …

während du jetzt weiter zurückgehen kannst, in die Geschichte deiner persönlichen Entspannung, dorthin, wo du die Dinge akzeptieren konntest, welche es auch immer waren … und Ruhe zulassen konntest und kannst … oft ist das abends im Bett oder in der warmen Badewanne … im Urlaub, in der Wärme, irgendwo …

und wenn du eine Gelegenheit der Ruhe an die andere fügst, so ergibt sich, dass deine Ruhe eine eigene Geschichte hat, sie ist immer verbunden mit Erholung, mit neuer Kraft, mit Gesundheit …

oft auch mit Veränderung, denn aus der Ruhe heraus fällt es leichter, Abstand zu nehmen und die Perspektive zu wechseln ...

und während so das Unbewusste in die vielfarbigen Landschaften deiner Erinnerung wandert, mehr oder weniger gemeinsam mit dem Bewusstsein ... kannst du dir auf anderer Ebene jetzt einmal vorstellen, wie es sich anfühlt, wenn du richtig gesund bist ...

und du kannst dir das in den Muskeln vorstellen, sie sind dann voller Kraft, sind locker und bereit zur Aktivität und warm mit Energie und Sauerstoff versorgt ...

und es ist beruhigend, sich daran zu erinnern, dass Gesundheit nie vollkommen sein kann und das zu akzeptieren, ist wirklich gesund ...

und Gesundheit bedeutet auch ein waches Denken, ruhige Klarheit ... eine gewisse Ordnung, Weitsicht, ein helles, frisches Gefühl hinter der Stirn ... ein gutes Gedächtnis, eine mehr oder weniger dichte Ahnung für die Zukunft und ein Genuss der Gegenwart ...

und Gesundheit kann sich anfühlen, wie eine sanfte Massage aller Körperregionen, besonders intensiv und wohltuend dort, wo es nötig ist ... auch in den Knien, im Nacken, im Rücken ... und diese wohlige Wärme, die dabei entsteht, prickelnd, lächelnd ... genießen ...

und der Gesundheit fällt es leicht, freundlich und freigiebig zu sein, sie bedeutet Wachstum und Entfaltung ... Harmonie zwischen dem Körper und der Seele und in allen Abläufen ... sie bedeutet Flexibilität und leichtfüßige Anpassung an jede notwendige Veränderung ...

Gesundheit heißt auch, die Wärme der Sonne zu lieben und sich vor zu viel Strahlung zu schützen ... den Regen zu begrüßen, als sinnvoll und Leben spendend ...

und Gesundheit wird im Körper und in der Psyche gefördert, durch Abstand von Ärger und Hetze, von Wut und Lärm ... es ist innerlich gut möglich, sich davon zu entfernen, es in die Vergangenheit ziehen zu lassen …

und die Gesundheit kann gerufen werden, sie kommt gerne, gibt Ratschläge, der offene Geist nimmt sie auf … und so kannst du auch jetzt und vielleicht besonders jetzt erfahren, aus dir selbst heraus, was gut ist für deine Gesundheit …

und du kannst dem zuständigen Teil in dir den Auftrag geben, sie wirken zu lassen in dir … beste Bedingungen herzustellen … unbewusst auf die richtige Weise immer wieder neu angepasst, damit sie sich wohlfühlt in dir … damit sie ihre warme und helle Kraft voll entfalten kann, auch jetzt … und in jedem Moment … dort, wo es nötig ist …

und du kannst die Gefühle und alles andere, was dazugehört, genießen … und sich ausbreiten lassen, wie ein warmes Licht … während deine Gesundheit in jeder Körperzelle stärker wird … und tief hineinwirkt … sodass es dir guttut, rundum und tief guttut … ausreichend ausgiebig …

um dich dann wieder zu sammeln … und zurückzuorientieren … und Frische mitbringen … jetzt mit jedem Einatmen klarer werden … weiterhin begleitet von deiner Gesundheit …

und mit dem Öffnen deiner Augen wirst du ganz wach und klar …

6 Gefühle wahrnehmen und akzeptieren

Wir nehmen viele unserer Gefühle nicht wahr. Andere spüren wir zwar, sind aber nicht mit ihnen einverstanden oder fühlen uns sogar schlecht, weil wir sie haben, und lehnen sie deshalb ab und versuchen sie zu verdrängen. Die folgenden Geschichten haben die Absicht, das Fühlen zu erleichtern und die Akzeptanz der eigenen Gefühle zu verbessern. Selbst solche Gefühle, die im Allgemeinen verurteilt werden (zum Beispiel Angst, Missgunst, Hass) haben Gründe für ihre Entstehung. Indem wir sie ablehnen, verschwinden sie nicht. Verständnis für ihre Existenz und für ihre Entstehung wirken jedoch heilsam und ausgleichend.

Das Schloss der Gefühle

Anregungen: Gefühle haben grundsätzlich einen Ursprung in dir, der dich zu ihrem Sinn führt; dich mit ihnen auseinandersetzen bringt mehr Harmonie und Gesundheit; in deine Mitte finden und dort die Gefühle mit dem nötigen Abstand betrachten; ihnen eine Gestalt geben und sie im Verhältnis zueinander anschauen können; die Freude genießen und von ihr in der kommenden Nacht etwas Schönes bekommen.

… und weil es dir guttut, wenn du dich jetzt sinken lässt, angenehm schwer und wohlig warm, kann sich dein Verstand dabei auch in die Ruhe sinken lassen für diese Minuten …

es mag irgendwo einen hellen und warmen Saal geben, in einem älteren Schloss. Es liegt ziemlich genau in der Mitte zwischen den Baumwipfeln und dem Blau des Himmels. Das ist zwar ein etwas seltsamer Ort, aber so ist eben die Fantasie …

in diesem Saal treffen sich die Gefühle der Menschen, wenn wir sie gerade nicht brauchen, gehen sie zurück ins Schloss. Sie fühlen sich dort wohl, tauschen ihre Erfahrungen mit den Menschen untereinander aus und erholen sich ...

von dort kommen sie auch, wenn sie gebraucht werden. Und so kannst du dich sinken lassen, angenehm schwer und wohlig warm, es deinem Unbewussten dadurch ermöglichen, gut für dich zu sorgen, sodass du dich gründlich erholen kannst. Das geschieht unbewusst, natürlich, denn wir haben eine natürliche Tendenz, in unsere Mitte zu kommen, sodass wir uns in uns wohlfühlen mit uns selbst ...

sobald wir in unserer Mitte sind, haben wir ein besseres Gefühl für alles, was uns angeht. Und es ist nicht wirklich wichtig, wo genau der Verstand die Mitte sieht, sie ist eben einfach in der Mitte. Wenn der Verstand sie in den Bauch interpretiert, dann ist sie dort auch. Das ist der Mitte irgendwie egal. Auch im Bauch fühlt sie sich am rechten Ort ...

in der Mitte sein heißt, bei sich sein und alles andere deutlicher sehen und deutlicher erkennen, was alles andere mit uns zu tun hat und wie es zusammenhängt mit uns und wo es mit uns verbunden ist. Und wie es gelöst werden kann, von uns ...

und so kannst du aus deiner Mitte frei entscheiden, auf was du zugehst und was du zu dir kommen lässt ...

und so ist es dann, wenn du in deiner Mitte bist, wirklich möglich, dich von deinen Gefühlen und Vorstellungen zu entfernen, irgendwie ... oder sie kommen zu lassen, irgendwie. Deshalb kannst du dich jetzt wirklich gründlich erholen, auf allen Ebenen erholen ... während du einfach nur hier liegst, angenehm schwer oder leicht und wohlig warm ...

und so kannst du dir einmal die Gefühle dort im Saal anschauen. Du kennst sie alle wirklich gut. Sie alle haben dich schon häufiger besucht. Es gibt von all den Gefühlen dort, in dem weitläufigen Saal mit seinen vielen Tischen und Sesseln, wo die Gefühle es sich bequem gemacht haben ... große und kleine

Exemplare und auch mittlere. Sie sind entsprechend ihren Aufgaben gekleidet, wenn sie zurückkommen, bevor sie sich ihre lockere Freizeitkleidung angezogen haben. Danach ist äußerlich kaum noch zu erkennen, welche Spezialisierung sie bei den Menschen haben …

da ist beispielsweise die Freude. Wie wir wissen, ist sie hell und strahlend. Sie ist so schön, dass du gar nicht mehr wegsehen möchtest, wenn du ihr erst einmal in die Augen geschaut hast …

und ich weiß nicht, wie ich wissen könnte, ob dir die große oder die kleine Freude besser gefällt. Und es gibt sie als Mann und als Frau. Und wenn sie sich durch den Raum bewegt, leicht und oft tanzend, hinterlässt sie einen hellen Schein, dort wo sie war …

und wenn sie sich in der Nähe des Ärgers bewegt, dann wird der Ärger unscheinbarer. Wenn sie ganz nahe bei ihm steht, dann ist er sogar unsichtbar, irgendwie. Je näher sie ihm kommt, desto schwerer ist er zu erkennen neben ihr …

und sie hat Freundinnen und Freunde dort, in dem Saal. Sie sind fast immer zusammen unterwegs. Zu ihnen gehört das Glück und auch die Zufriedenheit und natürlich ihre gemeinsame Mutter, die Liebe …

Ärger und Wut schauen, dass sie ihnen fernbleiben, denn je näher sie ihnen kommen, desto mehr verblassen sie, in ihrer Nähe ist alles hell und irgendwie fröhlich …

und sie erzählen dir, dass alle diese Gefühle nur auf Bestellung kommen und dass die Bestellungen meist unbewusst aufgegeben werden, obwohl das Bewusstsein einigen Einfluss nehmen könnte …

und so kannst du dich begleiten lassen, von der Freude und ihren Freundinnen und Freunden und dich in ihrem Licht baden und sie mitbringen …

sie bleiben bei dir, solange du es willst. Heute Nacht im Schlaf zeigen sie dir Schönes und lassen es dich fühlen, sodass es dir guttut, auf allen Ebenen …

und so kannst du jetzt diese Dinge für den Moment abschließen, dich wieder sammeln und dich hierher zurückbewegen … so schnell oder langsam, wie es gut ist für dich …

Ein Blatt erwacht

Anregungen: Ein Blatt hat dem Leben gegenüber nur eine Verpflichtung – zu existieren. Dazu gehören sein Wachstum und seine Gesundheit. Du wurdest ebenso ohne Verpflichtungen geboren. Die kommen erst durch die Umstände, in die du geboren wurdest. Aber sie gehören nicht eigentlich zu dir: die Ansprüche, die an dich gestellt werden, hinterfragen, besonders, wenn sie dich belasten; alles, was du an Ansprüchen und Verpflichtungen im Laufe deines Lebens angenommen hast, kannst du infrage stellen und eventuell auch wieder loslassen, um dein Leben leichter und erfüllter zu gestalten.

… nachdem die Schwere spürbar wird, wenn die Muskeln sich lockern, kannst du deine Fantasie jetzt treiben lassen. Wie es wohl für ein Blatt sein mag, wenn es das erste Mal die Sonne aufgehen sieht …

es war bisher die schützende Dunkelheit gewohnt, in der Nacht geboren, erlebt es am Morgen die Dämmerung, zuerst ein Grau auf der einen Seite des Himmels, das heller wird und dann Farbe bekommt, von der Sonne gespeist …

die Frische der Nachtluft umhüllt es noch, dann die ersten Strahlen am Horizont, noch bevor die Sonne zu sehen ist, und das erste Mal in seinem jungen Leben sieht das Blatt Farben. Es ist sehr aufmerksam und spürt, wie Freude in ihm entsteht, irgendwie, durch die Farben und das Licht …

es spürt eine leise Wärme, denn aus dem Grau der Dämmerung wächst zuverlässig die rötliche Strahlung der aufgehenden Sonne. Langsam steigt sie nach oben, breitet sich über den Himmel aus, während in der Nähe noch Menschen in ihren Betten schlafen oder schon erste Geräusche machen. Vogelstimmen erwachen, die Sonne färbt den Bodennebel ...

und streckt ihre weichen Arme nach dem Blatt aus und nach dem Rest der Welt. Sie sieht auch das Blatt zum ersten Mal, begrüßt es freundlich und berührt es zart. Immer mehr beginnen die Strahlen, das Blatt zu wärmen. Das Rot wird zu einem hellen Gelb, wird wärmer, hüllt das Blatt ein ...

und das Blatt genießt die Wärme. Während sein Rücken noch den Schatten der Nacht bewahrt, fühlt es in seinem Inneren, wie die Wärme sich verbindet mit dem Licht und wie beides zusammen es wachsen lässt ...

und es spürt dieses Wachsen auch innerlich, das Größer-Werden im Licht, in der Wärme der Sonne, ganz intensiv in allem, was es ist ...

und weil es ein Blatt ist, an einem Baum, und weiter keine Verpflichtung hat, als eben das zu sein, was es ist, kann es die Dinge, zu denen es bestimmt ist, aus sich selbst heraus geschehen lassen ...

die schlafenden Menschen und ihre Geräusche sind ihm gleichgültig. Deshalb genießt es sein eigenes Dasein in Licht und Wärme und lässt sich hängen, vom Wind schaukeln, hin und wieder ...

es ist in sich und mit sich zufrieden. Und weil das ein wirklich gutes Gefühl ist, mit sich selbst zufrieden zu sein, kannst du genießen, dass es auch in dir ist und wachsen wird. So lässt du die Zufriedenheit in dir wachsen, in allen Zellen und Poren, vom Kopf bis in die Finger und Zehen ...

und bringst Zufriedenheit mit, sodass sie deine Freude am Tag und an der Nacht nährt, während du jetzt mit jedem Atemzug frischer und wacher wirst, in deiner eigenen Geschwindigkeit, sodass du wieder aufmerksam in diese Realität zurückkommst ...

Die leichte Schwere eines Vogels

Anregungen: Schwere kann leicht werden, wenn die Bedingungen sich ändern; auch die Stimmung kann in der Ruhe leicht werden; Kreativität wird gefördert durch die Verwandlung des Elefanten in einen Papagei.

… nachdem du dich jetzt zurechtlegst und eine gute Haltung findest, in der du eine Weile locker liegen kannst und dich erholen kannst, auf allen Ebenen, kannst du deinen Körper sinken lassen, ihn in seine angenehme Schwere und wohlige Wärme sinken lassen …

Gedanken und Geräusche kommen … und gehen auch wieder, irgendwann …

das Gefühl der Schwere kommt mit der Ruhe leichter, vielleicht wie ein satter, gemütlich dahinstapfender Elefant, der das Leben genießt und sein Gewicht tänzelnd durch den Staub trägt …

manchmal kommt die Ruhe schwerer daher, vielleicht ist der Elefant dann etwas müde, weil er schon ein ganzes Stück seines Weges gegangen ist und es verdient hat, sich auszuruhen …

wie sie wohl aussehen würde, die angenehme Schwere, die ein Teil der Ruhe ist, wenn sie selbst eine Gestalt hätte. Sie könnte auch ein Vogel sein, vielleicht bunt wie ein Papagei, so mag der Elefant sich manchmal fühlen wollen …

wenn er müde ist, der Vogel, der so schwerelos leicht durch die Luft fliegt, landet er irgendwo, wo es schön ist. Dort klappt er seine Flügel zusammen und lässt sich irgendwo in Sicherheit zusammensinken, angenehm schwer, um in der Erholung allmählich wieder leicht zu werden …

unter seinem Federkleid fühlt er wohlige Wärme, sodass die Ruhe bald tiefer wird, wie bei einem erholsamen Schlaf …

er mag sich auf einem Baum in eine Astgabel gesetzt haben, lässt sich mit seiner Schwere hineinsinken, lehnt sich vielleicht sogar an einen Ast an, es sieht ja keiner, obwohl ihm auch das egal wäre, wenn er nur müde genug ist, spielt es in dem Moment keine Rolle. Und so genießt er die Ruhe auf seine Art ...

während die Blätter des Baumes um ihn herum leicht vom Wind bewegt werden, miteinander leise flüstern, um ihm seine Ruhe zu lassen, damit ihr Gast sich in Ruhe erholen kann ...

gemeinsam mit dem Wind bewegen die Blätter den Ast, auf dem er sitzt, um ihn sanft zu wiegen, in der Geborgenheit des Baumes ...

in seinen Träumen wird er getragen, federleicht über die Wolken, legt sich auf die oberste weiße Wolke wie in ein weiches Bett, um ihn herum, unter dem Blau des Himmels, im Licht der warmen Sonne, sind andere Vögel. Manche kommen von weit her ...

sie erzählen sich, was sie gesehen haben, auf ihren Flügen. Sie lachen miteinander und entspannen sich dabei. Die Blätter im Baum sehen ihn schlafen, den Vogel, sehen, wie er lächelnd träumt, der Vogel, und sich dabei leichter fühlen kann, in seiner Ruhe ... nachdem er zuerst schwer sein durfte ...

und dann, nachdem er sich erholt hat, wacht er wieder auf. Er fühlt sich frisch, bleibt noch ein Weilchen sitzen, beobachtet die Blätter, ihr Spiel mit dem Wind und mit dem Licht ... sammelt sich wieder, streckt sich ... und lässt sich schließlich in den Wind fallen, um wieder ein Stück weiterzufliegen und Freude am Leben zu spüren ...

und so wirst du dich jetzt sammeln und hierher zurückkehren ... in deiner eigenen Geschwindigkeit, so schnell oder langsam, wie es gut ist für dich ...

Straßenpfosten wandern durch die Nacht

Anregungen: Im Verstand wird Widerspruch ausgelöst, mit dem er sich beschäftigt, sodass er den Rest der Geschichte weniger kritisch betrachtet; Straßenpfosten verhalten sich in ungewohnter

Weise – das regt die Vorstellung an, auch in anderen Bereichen ungewöhnliche Gedanken zuzulassen, sodass neue Wege – auch zur Lösung von Problemen – gegangen werden können.

... während du zur Ruhe kommst und deine Glieder hinuntersinken dürfen, angenehm schwer und wohlig warm, kann sich dein Körper erinnern, an die letzten angenehmen Berührungen erinnern und an manche, die noch weiter zurückliegen, und denen nachlauschen, im Körper, in seinen Erinnerungen und die guten Gefühle finden, die dazugehören ... und sie genießen ...

da gibt es Berührungen, die deiner Haut besonders gut gefallen haben, deinen Muskeln, vielleicht sogar deinen Knochen und auch Gelenken ...

und so kannst du sie noch einmal genießen, aus der Erinnerung heraus sich in dir ausbreiten lassen ...

du kannst dich erinnern an angenehme Berührungen und an die guten Gefühle, die dazugehören ... und dich sinken lassen, in den Moment hinein, angenehm schwer und wohlig warm ...

und immer, wenn du auf der Straße fährst, sind rechts und links der Straße schwarz-weiße Pfosten. Sie sind nicht sehr groß und tagsüber auch unauffällig. Nachts leuchten sie oben auf der einen Seite rund, auf der anderen Seite eckig. Sie leuchten immer dann, wenn Licht auf sie fällt. Ganz still stehen sie dann da ...

vielleicht registrieren sie alles, was an ihnen vorüberzieht, man könnte meinen, sie seien unbeweglich und würden immer an derselben Stelle stehen, während du hier liegst, angenehm schwer und wohlig warm ...

manches ist ganz anders, als der Verstand denkt, und er darf es weiterhin denken, denn es gibt ihm Sicherheit, sodass es dir gut geht damit ... und dass manches doch ganz anders ist, gibt dir die Gewissheit, dass auch dort gute Veränderungen möglich sind, wo du sie nicht erwartest ...

und sogar der Verstand erlaubt es sich, zu akzeptieren, dass nicht alles so ist, wie er meint, denn es gibt ihm Sicherheit einerseits und Zuversicht andererseits, sodass er sich darauf ausruhen kann, in dieser Angelegenheit …

einer könnte aber auch meinen, dass die Zahl der Straßenpfosten gar nicht so groß ist. Er könnte glauben, dass sie mit ihm ziehen, wenn er an ihnen vorüberfährt. Dann würden sie jeweils bereits am Ortsende auf ihn warten, um ihn sicher nach Hause zu begleiten …

immer, wenn einer hinter ihm im Dunkeln verschwindet, sodass er ihn nicht mehr sehen kann, auch nicht im Rückspiegel, rennt der ganz schnell los. Außerhalb seiner Sicht rennt er ein Stück nach vorne. Das setzt natürlich voraus, dass er wirklich schnell rennen kann. Aber wie man weiß, sind Straßenpfosten sehr geduldig. Warum sollten sie dann nicht auch sehr schnell rennen können …

besonders wenn es dunkel ist … und dann wartet er ein Stück weiter vorne im Dunkeln gewohnt geduldig auf ihn, während der Autofahrer an den anderen vorüberfährt …

wer weiß schon wirklich, was sie treiben, während langer Stunden nachts, wenn kein Auto kommt. Vielleicht tanzen sie irgendwo auf einem Feld …

andere sitzen nachts vielleicht in einer Ecke und malen die Farben, die an ihnen vorübergezogen sind, zuvor, während des Tages und es geht ihnen gut dabei …

die daraus entstehenden Bilder, bei denen, die malen, werden von Leuchtkäfern aufgehellt … vielleicht ruhen sich andere aus, vielleicht ist es anstrengend an der Straße zu stehen …

vielleicht sind die runden Kreise in den Kornfeldern auch durch die Straßenpfosten gemacht oder sie liegen sonst irgendwo herum und ruhen sich einfach nur aus. So wie du jetzt hier liegen kannst und dich gründlich erholen dabei …

manchmal sieht man morgens am Straßenrand noch irgendwo einen liegen, der hat möglicherweise verschlafen und tut dann so, als könnte er nicht mehr alleine an seinen Platz …

und weil das genau so sein könnte oder auch ganz anders sein könnte, freuen sich deine Glieder darüber, hier liegen zu können ...

und über ihre schönen Erinnerungen daran, berührt und bewegt zu werden. Sie können deshalb ihre Spannungen nach unten abgeben, auch die inneren, und sich dabei erholen ... alle deine Glieder, jetzt ... und was sonst noch zu dir gehört ... und die Erholung brauchen kann ...

um dich dann in aller Ruhe zu sammeln und nach und nach wach zu werden, damit du frisch und ausgeruht bist ...

Ein Punkt ist ein Punkt

Anregungen: Aus einem Punkt wird ein Sandkorn, aus dem eine Tür zum Strand wird; du kannst aus allem, was dir begegnet, Verbindung zu seiner Entstehung bekommen, indem du dich einfühlst; manches ist ganz anders, als der Verstand denkt; Wissen in den Alltag mitbringen über die Zusammenhänge zwischen den verschiedenen Dingen, die in der Welt existieren.

... während du hier liegst, wartet dein Gehirn. Es wartet, während es sich auch mit anderem beschäftigt, und es spitzt die Ohren und es fragt sich, was kommen mag, und wann es wohl kommt, und zwischendurch schweift es ab ... je länger die Pausen sind, desto eher schweift es ab ...

und das ist wohl sinnvoll, denn ein Punkt ist ein Punkt, sollte man meinen. Ein kleines Sandkorn ist ein Punkt, wenn man es aus der richtigen Entfernung betrachtet, und gleichzeitig Teil eines großen Sandstrands ...

es ist in Berührung mit dem Meer und seinem Salz und der Sonne, dem Wind, dem Mond, der Ruhe, der Nacht ...

und so kannst du in deiner Vorstellung in ein kleines Sandkorn hineintauchen ... und am Strand ankommen, dich dort zwischen die anderen Sandkörner in die Sonne legen und die Wärme genießen ...

die Wärme des dich umgebenden Sandes und der Sonne in dich hineinlassen und einmal die Festigkeit des Sandkorns spüren, seine Stabilität, das ist eine seiner Stärken, und das viele gespeicherte Wissen des großen Steines, aus dem es entstand, ist in ihm auch gespeichert ...

so klein sein, so stabil sein und so viel Wissen von etwas viel Größerem in sich tragen ...

und so kannst du dich angenehm tief sinken lassen, in die Sorglosigkeit des Augenblicks, denn um was sollte ein Sandkorn sich Sorgen machen. Du kannst deine Glieder hinunter sinken lassen, mit dem Ausatmen tiefer ... deine Gedanken schweifen lassen und dich treiben lassen, in die Wärme und Sorglosigkeit des Augenblicks ...

denn als Sandkorn würdest du dort liegen bleiben, am Strand, in der Wärme und in der Sorglosigkeit, bis die Nacht kommt und durch die Nacht in den Tag, einfach so ...

und in der Jugend warst du vielleicht auch schon nachts am Strand, mit anderen, und hast fasziniert die dunkle Masse des Meeres angeschaut ... und das Weiß der brechenden Wellen gesehen ...

und nachts hört man das Rauschen der Wellen besser. Es klingt irgendwie anders, als wäre es mit der Dunkelheit erst erwacht ... und nachts könntest du noch immer auf dem warmen Sand liegen, viele kleine Punkte am Himmel sehen, helle Punkte ... aus der Entfernung auch nur so groß oder klein wie Sandkörner ...

wer weiß, vielleicht sind alle Sandkörner zuerst helle Sterne am Himmel, bevor sie irgendwann Sehnsucht nach dem Meer bekommen und sich fallen lassen, unbemerkt oder als Sternschnuppe hineinfallen in das Meer ...

und jeder dieser Punkte, die da über dir im Dunkeln flackern, ist nichts weiter als ein kleiner heller Punkt ... und doch viel mehr ...

und wie es wohl wäre, wenn du in einen solchen Sternen-punkt hineintauchen würdest, in das helle Licht … sehen und fühlen würdest, wie das Licht dich umgibt, wie du es sogar bist … das Helle in dir spüren, das Ewige …

das Wissen über das Weltall in dir, dich als Teil der Weite des Himmels spüren, mit einer Verbindung zu allem, was dich umgibt … und doch gefestigt in dir, mit der Gelassenheit und Stärke der Zeitlosigkeit …

und innerhalb des Lichtes sind alle Farben vertreten und so kannst du in deinem Inneren ankommen, in einer schönen Farbe, in einer Farbe, die dir gut gefällt und die dir guttut …

aus dem hellen Licht kommend ist die Farbe anfangs viel-leicht noch unklar, wechselt vielleicht noch. Irgendwann wird sie zunehmend reiner und intensiver, bis sie voll gesättigt ist, und du weißt, du kannst dich hineinlegen und sie tut dir gut. Sie ist leicht und schwerelos und freundlich …

wenn sie dir zu viel wird, spürt sie das irgendwie. Dann zieht sie sich zurück, wird schwächer … und sie durchdringt dich angenehm, sie sättigt dich mit dem, was du brauchst. Und so kannst du dich in der Ruhe ein Stück weit darauf einlassen …

denn ein Punkt ist ein Punkt, während du einfach nur da-liegst, angenehm schwer oder leicht und wohlig warm …

und dich irgendwann zurückziehen aus dem Sternen-punkt … durch das Weiß hinunter auf den Strand, das gute Ge-fühl mitnehmen von der tiefen Stille am Sternenhimmel in die Ruhe am Strand, sie dort genießen … das Rauschen des Meeres im Hintergrund …

um dann allmählich auch das Sandkorn wieder zu verlassen und hierher zurückkommen … einige schöne Eindrücke mit-bringen und tiefes Wissen mitbringen, über die Gemeinsamkei-ten zwischen dir, dem Sandkorn und dem Stern … und so wirst du mit dem Einatmen zunehmend frischer und klarer …

Eine Brille erholt sich

Anregungen: Vieles ist anders, als es scheint; unsere Wahrnehmung der Dinge wird von unseren Erfahrungen und Einstellungen beeinflusst; wir können unsere Urteile und unsere Einstellungen hinterfragen und bekommen dadurch einen konstruktiven Einfluss auf unsere Stimmungen, auf unsere Gesundheit und auf unser Leben.

… während du eine Haltung einnimmst, in der du dich wohlfühlst, indem dein Körper bequem liegt oder sitzt und deine innere Haltung ebenfalls locker ist … und wie viel der inneren Haltung mag sich in der äußeren abbilden …

kannst du dich auf eine angenehme Weise treiben lassen und es genießen, dich in deiner Vorstellung vielleicht an einem warmen Kamin sitzen lassen oder in einer geschützten Ecke eines Segelschiffs oder einer Jacht oder wo auch immer du dich mit dir wohlfühlst, warm und weich gebettet …

vieles ist nicht so, wie es scheint, denn wenn die Sonne auf bestimmte Weise auf das Gefieder eines schwarzen Raben scheint, dann könnte er für einen Moment auch eine weiße Möwe sein, durch die Reflexion der Sonnenstrahlen. Falls dein Gehirn es so begründen mag, scheint das so …

und wenn du nur diesen einen Moment hingeschaut hast, so ist und bleibt es in deiner Überzeugung eine Möwe und das ganz zu Recht, denn so hast du es gesehen, in diesem Moment. Das Auge hat es richtig gesehen, das Weiß. Das Gehirn hat es nicht richtig interpretiert, sodass dein Auge sich zufrieden schließen kann, hat es doch seine Aufgabe gut erfüllt …

und der Körper mag sich ausruhen, ebenfalls zufrieden, denn das Auge ist schließlich ein Teil von ihm … und so kannst du dich ausreichend tief sinken lassen, damit auch dein Unbewusstes sich gründlich erholen kann …

während es die Dinge oft anders betrachtet, als das Bewusste, denn es ist nicht so einfach, sich glauben zu machen, zu wissen, ob eine Brille sich erholt, wenn keine Augen durch sie hindurchschauen ...

denn für eine Brille ist es vielleicht angenehmer, auf der warmen Nase zu sitzen und gebraucht zu werden, als irgendwo in einer Ecke rumzuliegen, oder auf einem Kamin, und zu verstauben ...

und wer weiß schon wirklich, ob eine Brille sich erfreut, an dem, was sie sieht ... und ob sie schneller trüb wird, wenn sie viel Unerfreuliches sehen muss ... und weil der Verstand sich einen solchen Unsinn nicht bieten lassen muss, kann er es sich erlauben, wegzuhören, um sich lieber gründlich auszuruhen ...

für eine Brille ist das viel schwieriger, denn sie hat keine Ohren, mit denen sie weghören könnte ... und wegschauen kann sie nur, wenn sie nicht gebraucht wird und im angenehm dunklen Brillenetui liegen kann ...

und weil noch kein Rabe mit einer Brille gesehen wurde, hat er dieses Problem sicher nicht. Er kann sich deshalb einfach ausruhen, ohne sich die Mühe zu machen, darüber nachdenken zu müssen, dort in der Wärme einer warmen Luftströmung bequem liegend und weich ...

oder im Schatten einer Baumkrone im warmen Nest sitzend, sich einfach sinken lassen und sich in sich selbst wohlfühlen ...

sich dabei unbewusst vorbereiten lassen auf nachher, wenn wieder Aktivität gefragt ist und klare Wachheit ... und irgendwann jetzt ist es dann so weit und innerlich beginnt er sich darauf vorzubereiten, sinkt noch einmal ab in seine Tiefen, schöpft dort Energie ... und taucht daraus zunehmend klarer und frischer wieder auf, hier in der Gegenwart, in der Geschwindigkeit, die ihm guttut ... und so freust du dich auf dies und jenes, was nun kommen wird ...

Verwandlung

Anregungen: die eigenen Probleme auf einem geeigneten Platz ausbreiten, um sie auf sinnvolle Weise sichtbar zu machen; dann Abstand von ihnen nehmen; die Erleichterung spüren, wenn Belastungen abfallen; den Problemen andere Namen geben – und sie dadurch schon verwandeln; die Probleme in der Fantasie in Gegenstände verwandeln, sodass sie handhabbar werden; ein geeignetes Problem auswählen, in verschiedene Gegenstände verwandeln und jedes davon behandeln; die Erleichterung spüren, wenn ein Problem sich verändert hat.

… es ist manchmal nicht einfach, einfach so zu entspannen. Aber wenn die Bedingungen günstig sind, dann fällt es leichter …

die Bedingungen werden auch innerlich günstiger, indem du dich dafür öffnest … und nachdem du irgendwann eine gewisse Tiefe erreicht hast, kannst du deine Erinnerung kommen lassen oder in deine Fantasie gehen … und vor dir einen freien Platz finden, irgendwie …

auf einem Tisch oder einem Stück Wiese, vielleicht auch an einem staubigen Weg, unter dem Schatten eines Baumes … wirst du irgendeinen Platz finden, der dafür gut geeignet ist und du kannst nun auf diesem Platz in aller Ruhe und mit dem notwendigen Abstand davon alle deine Probleme ausbreiten, die im Moment in irgendeiner Form eine Rolle für dich spielen …

es braucht also einen Platz, der genau dafür gut geeignet ist, nämlich zum Ausbreiten deiner Probleme, schließlich ist nicht jeder Platz dafür gleich gut geeignet. Dabei ist es nicht wichtig, dass du diese Probleme auch bewusst als solche erkennst, da es oft schwierig ist, die Probleme so zu erkennen, wie es sinnvoll wäre …

und weil das so ist, kannst du dich jetzt einfach in einer für dich guten Art ein Stück weit von diesen Dingen lösen und dich wohlfühlen ... so, wie es eben gerade ist ... und deinen Körper sinken lassen, angenehm schwer, oder leicht und wohlig warm ...

während ein Teil von dir dabei symbolisch deine Probleme auf dem Platz ausbreiten kann, oder auf einen Haufen werfen, ganz wie du willst und wie es dir gerade guttut ... und eben auch jene Probleme, die du nicht bewusst als solche erkennen brauchst und manchmal auch nicht kannst, denen du dann natürlich auch keinen Namen geben kannst und sie auch nicht bewusst lösen kannst, wohl aber unbewusst ... irgendwie ...

und so kannst du die Erleichterung spüren ... wenn du etwas Belastendes loslassen kannst, ist das enorm erleichternd ...

denn wie du weißt, mit Namen legt man sich oft fest und erschafft damit etwas, das es eigentlich gar nicht geben muss, jedenfalls nicht so. Um das zu vermeiden, legst du diesen unbenannten Rohstoff des vielleicht noch nicht einmal fertig erschaffenen Problems vor dich auf den freien Platz und genießt es, diese Freiheit in aller Ruhe jetzt zu haben ...

und einmal alle Probleme vor dich werfen können und sie dabei auch loswerden, irgendwie ... und die Erleichterung spüren, an vielen Stellen im Körper ...

und von diesen Problemen kannst du nun eines auswählen, das jetzt gut bearbeitet werden wird, auf irgendeiner Ebene deines kompetenten Unbewussten ... das sozusagen reif und fällig ist ...

und da diese Probleme oft nur von ihren Namen leben, kannst du eines jetzt einmal in deiner Fantasie umwandeln, ihm vielleicht den Namen nehmen oder ihm einen anderen geben ...

und die Erleichterung zulassen, die Freiheit zu haben, die Namen zu verändern ...

und dass dein Unbewusstes ein wahrer Meister ist in solchen Verwandlungen, weißt du auch aus den Jahren, die voller geträumter Nächte waren ... du kannst sie jetzt also mithilfe deiner unbewussten Fähigkeiten verwandeln, deine Probleme, in farbige Bälle vielleicht, in Steine verschiedener oder gleicher Größe, in Blätter, in Wollknäuel und was sonst immer ihm einfallen mag, dem kreativen Teil in dir … auf dieser tiefen Ebene der Ruhe …

und du kannst dir die verwandelten Probleme anschauen, aus einem guten Abstand heraus … und in Ruhe dich erleichtert fühlen … weil sie nicht mehr die alten sind, während sich in dir immer noch Energie sammelt, die jetzt in der tiefen Ruhe frei wird, sich ablöst von unwichtigen Alltagsgedanken und Gefühlen, die nun auch zur Ruhe kommen …

und frei werden durch die Verwandlung, durch die Erleichterung … und die Sachen vor dir brauchen nicht viel mit dir zu tun zu haben, tatsächlich haben sie vielleicht viel weniger mit dir zu tun, als du bisher dachtest, oder denken würdest, wenn du bewusst darüber nachdenken würdest, während du jetzt erleichtert die Ruhe und den Abstand genießen kannst … der dir guttut …

während dein Unbewusstes sich auf die richtige Weise kümmert, um alle Aspekte deiner Gesundheit …

und wenn du magst, kannst du nun eine der Verwandlungen auswählen, vielleicht einen Stein, vielleicht den, der jetzt reif ist … und irgendwie ist es in deinem Unbewussten möglich, festzustellen, welcher jetzt wirklich reif ist, denn ein Stein hat so seine eigene Art, reif zu werden …

und nachdem die Auswahl stattgefunden hat … was dein bewusster Verstand vielleicht gar nicht registriert, weil er jetzt wirklich einmal Urlaub machen kann von den Aufgaben der Überwachung, solange du in einer tiefen Ruhe bist … kannst du deinem Unbewussten jetzt den Auftrag geben, ihn zu bearbeiten … vielleicht zertrümmern, wegwerfen oder schleifen oder polieren … oder all das, irgendwie …

und Steine können sich in wunderschöne Gebilde verwandeln dabei … deren Oberfläche oder Gestalt du mit deinen Sinnen genießen kannst … den du verschenken kannst, denn wir wissen alle, dass das, was für uns ein Problem sein mag, für andere noch lange keines sein muss …

du kannst ihn mithilfe deiner Fantasie noch einmal verwandeln, vielleicht in einen Luftballon, ihn mit der heißen Luft eines anderen Problems füllen und davonschweben lassen … in die Tiefe des blauen Himmels …

kannst ihn in eine schöne farbige Blume verwandeln … ihn in Luft auflösen … wie Nebel oder Rauch … ihn vielleicht auch verbrennen … oder was auch immer dir an Möglichkeiten in den Sinn kommt und wenn sie noch so seltsam scheinen, du weißt, im Traum kannst du wirklich alles ausprobieren …

während deine tiefe Ruhe dir den nötigen Abstand verschafft und die Erleichterung, loslassen zu können …

und manche sogenannte Probleme muss man irgendwie noch ein Weilchen behalten, vielleicht müssen die noch reifen oder bedeutende Entwicklungen fördern, auch wenn unser bewusster Verstand das bezweifeln mag oder gar nicht versteht. Deswegen ist es gut für die Lösung so mancher Schwierigkeiten, wenn die Zuständigkeiten klar geregelt sind und konsequent eingehalten werden …

auf jeden Fall kannst du dich jetzt schon einmal darauf vorbereiten, dass dieses oder jenes Problem demnächst gelöst sein wird und das dadurch entstehende gute Gefühl schon jetzt genießen … und ebenso die frei werdende Energie schon jetzt annehmen … die Erleichterung, die Fröhlichkeit, Unbekümmertheit und Freude ausgiebig genießen …

und weil die Erleichterung sich ausbreitet und die Schwere leichter geworden sein wird … kannst du dich nun wieder sammeln … um in den Alltag zurückzukommen, in dem die Probleme sich auch verändert haben …

wirst mit jedem Einatmen frischer und klarer … und bist mit dem Öffnen deiner Augen wach und gut vorbereitet für den Alltag …

Die Melodie der Ruhe

Anregungen: *Die Erfahrungen des Tages hinterlassen Eindrücke, die durch den Lauf der Zeit wieder vergehen; alles verändert sich, die Anpassung daran spart Energie und bringt mehr Freude und Leichtigkeit in das Leben; was bleibt, ist das Leben an sich, die Entwicklung an sich, die Freude und Zufriedenheit bringt, wenn du sie akzeptierst so wie sie ist, weil du Teil dieser Entwicklungen bist.*

... weil dein Körper sein Gewicht nach unten sinken lassen kann, hier in der Ruhe, kannst du an einigen Stellen spüren, dass sich im Laufe des bisherigen Tages so einiges angesammelt hat im Körper. Da sind die vielen Eindrücke, die Gedanken und Gefühle des Tages. Sie haben sich abgebildet in deinem Körper, haben Eindrücke hinterlassen und Spuren ...

vielleicht wie an einem Strand, an dem die vielen Füße der Badenden tagsüber den Sand aufwühlen ... begleitet von starken Gefühlen, meist der Freude, die den Körper bewegen ...

manche sind so leichtfüßig unterwegs, dass sie kaum Spuren hinterlassen, andere graben sogar tiefe Löcher oder bauen Burgen ...

und abends, wenn das Licht sich deutlich verändert, weil der Tag zu Ende geht ... wenn es langsam stiller wird und immer mehr Füße sich vom Strand abwenden und weggehen ... die Stimmen mit dem Wind verwehen ...

dann bleiben allmählich nur noch die Eindrücke übrig, die Spuren vom aktiven Geschehen des Tages ... und Ruhe beginnt sich über allem auszubreiten ...

der Wind streicht darüber, trocknet den Sand ... und beginnt die Spuren zu verändern, sehr geduldig ... die selbstverständliche Ruhe der Natur, in ihrem eigenen Rhythmus, spielt wieder ihre Melodie ...

die schon undenkbar alt ist und so viele verschiedene Unruhen schon vorübergehen gesehen hat … und immer irgendwann abends und im Laufe der Nacht verklingen die lauten Geräusche der Unruhe … die leise Melodie der Ruhe wird besser hörbar …

immer mehr breitet sie sich aus … glättet die Spuren der Unruhe …

und wer dann noch geblieben ist und leise genug ist und auf die stilleren Gefühle lauscht, kann sie fühlen, die leise Melodie der Ruhe, der Natur, wie sie von unten kommt, vom Boden und aus dem Meer … vom Wind … von den Dünen … und sich verbindet mit der eigenen Melodie der Ruhe tief in dir …

mithilfe des Windes, der den Sand verweht, verschwinden die Eindrücke des Tages irgendwann immer … mithilfe des Meeres auch, das den Strand glättet und alle Löcher füllt … irgendwann …

sodass bald nur noch natürliche Gleichmäßigkeit übrig ist … im steten Fluss der Veränderung …

auch der Regen hilft dabei, jeder Tropfen verändert den Sand und das Gesamtbild und die Natur sieht das Geschehen mit tiefer Gelassenheit … sie hat schon so vieles gesehen und alles ging irgendwann vorüber …

darauf kann sie sich verlassen … wirklich alles ging irgendwann vorüber … das gibt ihr die Gelassenheit, die Dinge mit Ruhe und wohlwollend zu betrachten …

und selbst wenn ein Mensch jeden Tag an der gleichen Stelle sein Loch gräbt – und sei es noch so tief – die Natur füllt es wieder auf … irgendwann …

und so kannst du einfach nur hier liegen, die Dinge geschehen lassen, denn sie werden sich ausgleichen, auf eine gute Art … kannst dich wohlfühlen in deinem Körper und an seinen Grenzen, auf deinem Platz hier und sinken lassen, angenehm schwer und wohlig warm …

in tiefem Vertrauen in die gelassene Weisheit der Natur, die auch in deinem Unbewussten wirkt und nach einem gesunden

Ausgleich strebt … vielleicht mag es sich anfühlen wie ein warmer Wind, der die Eindrücke des Tages in deiner Seele, in deinem Körper ausgleicht …

oder wie eine erfrischende Meereswelle, die auch die tiefsten Löcher füllt, im Laufe der Zeit … oder wie ein stetiger, warmer oder frischer Regen, je nachdem, der für weiteren Ausgleich und für Erneuerung sorgt … und so kannst du die guten Dinge zulassen, sodass sie sich auf eine gute Weise in dir integrieren …

und dich in deiner Geschwindigkeit sammeln, sodass es gut ist für dich, sammeln … und wieder hierher zurückorientieren … in diesen Moment hinein …

mit den Gefühlen, die zu ihm gehören, und du wirst dabei mit jedem Einatmen frischer und klarer werden …

Der erste Atemhauch

Anregungen: Der Atem verbindet schon immer alle Lebewesen untereinander; die Natur braucht kein Selbstvertrauen, sie ist einfach; als Teil der Natur kannst du dich daran orientieren: dein Sein annehmen und aus ihm heraus leben; Geborgenheit in dir selbst finden, da du ohne Zweifel und unveränderbar Teil der Natur bist; die gewollte Verbindung mit der Natur auch im Alltag leben.

… nachdem die Ruhe ihren Weg findet, mit dir und in dir, spürst du im Moment vielleicht hier und da die Regelmäßigkeit des Herzschlags, des Pulsschlags auch. Wie eine ganz leichte Wellenbewegung läuft sie durch deinen Körper …

irgendwann beginnt sie irgendwo und seitdem begleitet dich die Wellenbewegung des Herzschlags durch das Leben … sie versorgt dich mit Energie für dein Leben …

die Wellenbewegung wird begleitet, seit ihrer Entstehung, von deinem Atem … und vielleicht ist sie so auch zu dir gekommen, über deinen Atem, die Wellenbewegung des Pulsschlags, als Windhauch geboren, irgendwo aus dem Durchatmen eines alten Baumes ...

vielleicht in Afrika, ein Baum, der mitten in einem alten Wald steht, selbst uralt ist und dessen einzige Bestimmung es sein mag, zu atmen ... um den Menschen ihren ersten Lebenshauch zu schicken ... und mit ihm Vertrauen in das Leben selbst zu dir zu bringen. Wer weiß schon ... wo das Leben sonst herkommt ...

und bei jedem tiefen Durchatmen des Baumes entsteht eine Wellenbewegung, die sich der Luft mitteilt ... über seine Zweige, über seine Blätter, von der Luft aufgenommen und davongetragen wird ... Gestalt annehmen kann, in einer Wolke, als seltsames Muster vielleicht, von unten betrachtet jedenfalls ... während es von oben ganz anders aussehen kann ...

und irgendwann regnet die Wolke, mit den Tropfen kommt die Wellenbewegung zur Erde, gelangt irgendwann in einen Fluss, wird dort wieder sichtbar, als Teil der vielen Wellen, die durch die fallenden Tropfen gespeist werden ... und durch einen zufällig vorüberkommenden Wind ausgelöst werden ...

und bald aufgenommen werden von einer Pflanze, vielleicht von einem Fisch oder einem trinkenden Vogel ... und so irgendwann zu dem Menschen kommt, für den sie bestimmt ist, die Wellenbewegung ...

und in dem Menschen wartet, bis sie von ihm weitergegeben wird an ein neues Leben, das mit dem Atem entsteht, mit dem auch der Pulsschlag geweckt wird ...

und so kannst du jetzt in dich hineinfühlen, während du einfach so hier liegst, angenehm schwer oder leicht und wohlig warm ...

und es vielleicht gar nicht bewusst erlebst, wie gründlich du dich erholst, wie gut der Atem des Baumes dir tut, während seine Wellen sich sanft weiter durch deinen Körper bewegen ... sanft und belebend ...

dabei kannst du dich auf unbewusster Ebene erinnern, daran, wo die Wellenbewegungen auf ihrem Weg zu dir überall in der Natur schon waren ... bevor sie begonnen haben, dich zu begleiten und zu versorgen ...

kannst vielleicht die hilfreiche Bewegung des Wassers in dir spüren und auf diesem Weg dich in die Bewegungen der Wasser außerhalb von dir hineinspüren ... und so Verbindung bekommen zum Vertrauen des Lebens ...

dich geborgen fühlen in deinem Vertrauen in dich selbst ...

das Muster einer Wolke, von Wellen des Windes gebildet ... die Empfindungen, die der Baum haben mag, wenn die Wellen auf eine Art sinnvoll durch seine Blätter streifen ...

und kannst es vertrauensvoll zulassen, dass die natürliche Weisheit sich in dir ausbreitet, die im Baum vielleicht irgendwo in Afrika geboren wurde und von dort ein tiefes Gefühl der Verbundenheit mit unseren Quellen mitgebracht hat ... dein Vertrauen in dich stärkt und in deine Quellen und so Heilung auf eine für das Bewusstsein erstaunliche Weise fördert ...

und Verständnis vermittelt, sodass es sich besser lebt, leichter und mit mehr Vertrauen in gutem Einklang mit der Herkunft der Wellen ...

und so kannst du es jetzt genießen, dir besser vorstellen zu können und vielleicht auch bewusst zu wissen, dass dort, wo die Wellen herkommen, sie noch immer ein Echo finden, wenn du eine Frage mit ihnen schickst ...

und die Antwort mag auch mit dem Wind kommen, mit dem Regen ... oder völlig unbemerkt in Verbindung treten über den Hauch des Atems mit den Wellen in dir ... sich mit ihnen in dir ausbreiten, sie so einstimmen, dass es gut ist für dich, auf allen Ebenen ...

deshalb kannst du einfach nur hier liegen und der Verbindung mit der Natur in dir vertrauen ... und es zulassen, dass das Vertrauen tiefer wird und dich auch im Alltag begleitet ... tiefes

Vertrauen in die Verbindung deines Selbst mit den vielfältigen Wellenbewegungen in der Natur …

auch deshalb kannst du dich jetzt noch einmal ein Stück tiefer sinken lassen … soweit, wie es gut ist für dich, dorthin, wo tiefe Erholung gebildet wird … und sie zulassen … tiefe Erholung …

die verbunden ist mit Heilung auf allen Ebenen … und mit dem Öffnen neuer Wege, in tiefem Vertrauen auf allen deinen Ebenen, in die natürlichen Vorgänge …

und nun sammelst du dich wieder, um deinen Alltag bewusst und klar zu leben … kommst dazu in deiner eigenen Geschwindigkeit hierher zurück, entsprechend der guten Regelmäßigkeit deiner Wellenbewegungen … um sie gut abzustimmen, mit denen um dich herum …

und wirst mit dem Einatmen frischer und klarer …

Regenbogenbrücken

Anregungen: Regenbogen akzeptieren die Dinge, wie sie sind, dadurch sind sie zufrieden mit sich und der Welt; wenn du dich in diese Haltung einfühlst, dann kannst du von ihnen lernen und sie auch in dir entstehen lassen; manche Entwicklungen sind nicht veränderbar, es ist angenehm, die Dinge geschehen zu lassen, die geschehen müssen, ohne es verstehen oder gar beeinflussen zu müssen.

… während du dich nach unten sinken lassen kannst und die Ohren sich noch an Worte erinnern, bewegt der Wind die warme Luft über das Gras, irgendwo, das Gras bewegt sich dabei in seinem Tanz, bewegt sich hin und her …

und hinter der warmen Luft, in einer Ecke des Himmels, hinter einer blauen Tür, die auch grau werden kann, irgendwo sind die Regenbogen gestapelt und zwar all diejenigen, die gerade nicht gebraucht werden …

135

schön ordentlich liegen sie übereinander, Farbe bei Farbe. Die oberen sind die älteren, schon gebrauchten. Man sieht es daran, dass die Farben stärker strahlen, als hätten sie durch ihr Schweben zwischen Himmel und Erde Energie in sich aufgenommen, die sie nun hell strahlen lässt …

unter ihnen liegen neue, frisch entstandene, und während die älteren die Pause genießen, wie nur Regenbogen sie genießen können …

freuen die jüngeren sich darauf, dass sie bald in die Welt können, um die Brücke zu bilden, zwischen Regen und Sonne …

und so liegen sie einfach nur da und genießen die Schwere und die Wärme, sind zufrieden mit dem Leben, zufrieden damit, wo überall sie schon geschwebt sind … oder bald schweben werden …

sie unterhalten sich über die Gefühle der Menschen, die durch ihren Anblick ausgelöst werden, das Erstaunen, die Freude, die Entdeckerlust, die Verbindung zur Magie … die Erkenntnis, dass es viel mehr gibt als nur intellektuelles Verstehen …

und so liegen sie einfach nur da und sind mit sich zufrieden …

wenn ihnen danach ist, unterhalten sie sich über das, was sie schon gesehen haben. Die mächtigen Gewitterwolken, die Blitze in ihren vielen Gestalten, die sonnenbeschienenen Landschaften …

die alten erzählen den neuen, wie genau sie sich am Himmel aufstellen müssen, damit die Sonne ihre Farben so richtig beleuchtet …

und wenn es an der Zeit ist, dürfen die neuen mit den alten rausschweben. Sie sind zunächst meist nicht zu sehen oder viel blasser als die erfahrenen, meist in Begleitung eines, der sie anleitet, der viel farbenprächtiger ist, sodass manchmal am Himmel mehrere Regenbogen gleichzeitig zu sehen sind, weil die jungen gern erst einmal mit den alten im Himmel schweben …

und im Moment ruhen sie sich aus, warten auf diejenigen, die irgendwo draußen sind. Ihre Farben sind geputzt, das tun sie immer als Erstes, wenn sie reinkommen, damit sie danach die Erholung voll genießen können ...

und so genießen sie es, einfach nur rumliegen zu können, unbeachtet von allem anderen, so wie sie es genießen, den Himmel mit der Erde zu verbinden, als Brücke zwischen Regen und Sonne ... zufrieden mit sich und ihrem Leben ...

und dort, wo sie liegen, scheint die Sonne auf ihren Rücken und wärmt ihren Körper ... und lädt dabei ihre Farben neu auf ...

und sie spüren, wie die Energie und das Licht der Sonne in ihren Rücken strömen und dort Lücken in der Farbe schließen, oder Dichte auflockern, sodass die Struktur gleichmäßig wird und sich richtig gut anfühlt, bis in die Tiefen ...

ein erfahrener Regenbogen hilft dabei mit, indem er seinen Rücken lockert, auch innerlich lockert irgendwie und die Sonnenwärme aufnimmt ... und zulässt, dass es ihm guttut, im ganzen Rücken, im ganzen Körper guttut ...

und für einen Regenbogen ist es wirklich in Ordnung, dass er nicht weiß, wie das funktioniert. Es reicht ihm, dass es ihm guttut ... und so lässt er es einfach wirken in seinem Inneren ...

und so lässt er den Rücken sinken, auf die weiche Luft, der Sonne entgegen, und genießt es, zufrieden mit sich selbst ...

und weil Regenbogen immer farbig sind, wirst du dich jetzt wieder sammeln ... wirst dabei Frische und Erneuerung mitbringen, während du hier wieder ankommst ... in deiner eigenen Geschwindigkeit ...

Worte

Anregungen: Worte geben dir Sicherheit, indem sie deine Welt ordnen; sie rufen aber auch Gefühle hervor; die Verbindungen

zwischen den Gefühlen und den Worten können bewusster wer-
den, dadurch bist du unangenehmen Gefühlen weniger ausgelie-
fert und kannst angenehme Gefühle besser genießen; dir ein Wort
in einer schönen Farbe vorstellen, sodass es dir guttut.

… während die Ohren immer hören, kannst du deinen Körper
sich erholen lassen, während er mit dem Ausatmen hinuntersinkt, jedes Mal ein Stück in seine angenehme Schwere sinkt
und wohlige Wärme sich ausbreitet …

und so schickt das Gehirn die Ohren auf die Suche, schon
seit sie zusammen in der Welt sind, nach den Geräuschen, die
sonst noch zu hören sind …

und der Verstand sucht nach solchen Bestandteilen in den
Geräuschen, die ihm Sicherheit geben, Beständigkeit und Verständnis …

und die Ohren werden fündig, auch dort, wo der Verstand es
nicht wird, aber das ist ihnen nicht wichtig, denn fast immer ist
irgendwo irgendetwas zu hören …

und sie melden es weiter, die Ohren, an das Gehirn, und weil
dort nicht nur der Verstand ist, kannst du dich beruhigt zurück-
sinken lassen, innerlich, für die nächsten Minuten, dafür die eigene Geschwindigkeit wählen und die Tiefe der Ruhe, die dir
guttut …

und dabei wohlige Wärme empfinden, während die Ohren
suchen und immer wieder neu finden … und suchen … und
finden … gebe ich deinem Unbewussten die Anregung, die
nächsten Minuten zu nutzen, um die Dinge sich sinnvoll ordnen
zu lassen … während du einfach nur hier liegst, in deiner angenehmen Schwere und Wärme dich wohlfühlst …

und die Dinge des Tages sind ausreichend weit entfernt, sodass du die guten Seiten auswählen kannst … da waren diese
oder jene Gespräche, und weil Gespräche aus Worten bestehen,
nicht nur … sind viele Worte wie bunte Blätter in die Luft gegeben worden …

und die meisten Worte haben nur ein kurzes Leben, kaum gesprochen, beginnen sie schon zu verblassen, und es ist ihnen vielleicht ganz recht so ...

und da sind deine Gefühle, sie sind die Farbe, durch die deine Worte erst lebendig werden und bunt ...

da gibt es rote Worte, wie ein Feuer manchmal so heiß und manche doch auch wohltuend ... und es gibt blaue Worte, kühl und eher schlicht in der Wärme und doch irgendwie schön in der Wirkung ...

und die grünen fühlen sich wieder anders schön an ... und da sind die gelben, die an die helle Sonne erinnern ... und die exotischen als Mischung aus den Farben, unendlich viele ...

und manche Worte kleiden sich besonders gern in gleiche Farben, obwohl sie verschieden sind ... sie scheinen irgendwie zueinander zu gehören, meistens jedenfalls ...

und andere Worte können einfach jede Farbe anziehen, sie haben immer eine andere Bedeutung, immer eine Wirkung, ganz gleich, welche Farbe sie gerade tragen ... so wie manche Menschen auch ...

und so kannst du dich mit dem Ausatmen noch ein Stück tiefer sinken lassen ... die gute Energie genießen, die mit dem Atem in dich hineinströmt ... und die Gelassenheit genießen, die sich ausbreitet ... in deinen Muskeln, in deinen Gedanken ausbreiten darf, mit jedem Loslassen beim Ausatmen ...

und so kannst du dir, wenn du magst, für einen Moment eine schöne Farbe aussuchen, dich von ihr einhüllen lassen, wie von einem warmen Kleid einhüllen lassen ... und sie genießen ...

und dir ein schönes Wort vorstellen, das zu ihr gehören mag, und dieses Wort seine Wirkung entfalten lassen in dir, sodass es dich angenehm ausfüllt ... so ähnlich, wie die Farbe dich angenehm einhüllt ... während das Einatmen dich mit Energie versorgt, die in jeden Teil deines Körpers strömt, und jedes Ausatmen dich etwas gelassener werden lässt ...

um dann diese Dinge abzuschließen, sich dabei wie von selbst auf eine gute Weise in dir integrieren lassen, wie von selbst … und damit in deiner eigenen Geschwindigkeit hierher zurückkehren … warm eingehüllt und gut ausgefüllt … frisch und klar im Denken …

Kraft aus der Tiefe

Anregungen: diejenige Tiefe der Entspannung entstehen lassen, die dir guttut; deine Einstellung zu dir selbst und dein Umgang mit dir entscheiden darüber, wie viel Energie du für dich zur Verfügung hast; du kannst von anderen lernen, auch indem du dich in sie einfühlst; dein Unbewusstes hat die Fähigkeit, gut für dich zu sorgen; du kannst es beauftragen, genau das zu tun.

… während deine Ohren hier warten, zwischen den verschiedenen Geräuschen ein bisschen abhängen dürfen, lassen deine Glieder sich schon einmal sinken … in die weiche, warme Unterlage, mit einem großen Teil ihrer Schwere sinken lassen … mit dem Ausatmen tiefer …

und weil es immer etwas zu hören gibt, kannst du dich auch innerlich sinken lassen, soweit es dir angenehm ist im Moment, auch innerlich loslassen …

und das kann mal weniger tief und mal tiefer sein, kann sich von Moment zu Moment verändern und das ist in Ordnung, so wie es dir guttut …

und im Frühling, sobald es wärmer wird, beginnen die Bäume ihre Blätter zu bilden, aus sich selbst heraus, etwas in ihnen weiß sehr genau, wie es geht und wann der richtige Moment gekommen ist …

das geht sehr schnell, sobald es warm geworden ist und die Tage länger werden … helles, manchmal gelbliches Grün wächst aus den braunen Zweigen, dem Licht entgegen …

und da gibt es tief in den Wäldern eine Baumgruppe, es sind Bäume verschiedenen Alters, unter ihnen ist ein sehr alter Baum, der Älteste in der Gruppe, er wirkt sehr gesund und kräftig, an jedem noch so kleinen Zweig sprießt das Grün ...

und er erinnert sich an eine Zeit, da ging es ihm nicht so gut, es ging ihm auch nicht ausgesprochen schlecht, aber irgendwie hatte er die Mitte seines Lebens vor einer Weile überschritten und er fühlte damals, dass alles etwas mühsamer wurde, wenn auch langsam ...

am Spiel mit dem Wind hatte er keine so große Freude mehr wie früher, mit dem warmen Wind, der ihn säuberte und mit dem kalten Wind, der ihn auf andere Art reinigte ...

und die Sonne schien ihm auch eine Spur dunkler und doch auch wieder zu hell, die Nahrung aus der Erde schmeckte fad, seine Zweige wurden brüchig, die Blätter fleckig und klein ... und er sah sich um und den anderen älteren Bäumen ging es ähnlich, deshalb akzeptierte er es als den Lauf des Lebens ...

bis ihm eines Morgens im Frühling auffiel, dass ein deutlich älterer Baum, der ein Stück entfernt stand, viel kräftiger und fröhlicher wirkte, als alle anderen ... und er beobachtete ihn durch den Frühling, den Sommer und den Herbst ... und er sah zu Beginn des Winters, dass der andere viel mehr Laub abzuwerfen hatte als er selbst ...

den Winter nutzte er, um darüber nachzudenken, warum der andere so viel lebendiger wirkte, als er selbst sich fühlte, obwohl der deutlich älter war ...

und während der langen kalten Nächte entwickelte sich in ihm der Wunsch, zu erfahren, wie der andere es machte, dass er so viel mehr Lebenskraft hatte ... und als der Wunsch stark genug geworden war, führte er zu einem Entschluss ...

und der Entschluss festigte sich mit jedem Tag, den der Frühling näher rückte, der Baum wollte noch nicht schwach werden und den Verfall akzeptieren, er wollte stark sein und frisch ... und Freude haben am Leben und an seinem Fortschreiten ...

und so schickte er, sobald der Boden weich genug geworden war, einige seiner Wurzeln aus, in Richtung des anderen Baumes ... er gab ihnen viel Kraft mit auf den Weg, damit sie besonders lang wachsen konnten ...

und so wuchsen sie das Jahr hindurch immer weiter, sie kamen dem anderen langsam näher ... und er ließ sie auch im Winter und während des ganzen nächsten Jahres wachsen ...

und irgendwann bemerkte er, obwohl er sehr viel Kraft in die Wurzeln schickte, hatte er doch mehr Blätter als zuvor an seinen Zweigen ...

und als der nächste Winter kam, zog er sich, wie immer im Winter, ein Stück in sich selbst zurück und ließ die Dinge in sich reifen ...

und mit dem Erwachen des nächsten Frühlings war wieder ein Entschluss in ihm gewachsen, er schickte die meisten seiner Wurzeln in die Tiefe, denn er hatte erkannt, dass es die Erde war, dass es die unbekannte Tiefe war, die ihm Energie gab ... dass es sein Entschluss war, die Kraft haben zu wollen, der ihm außerdem Kraft gab ...

und weil er dies nun wusste, war es ihm nicht mehr so wichtig, den anderen zu erreichen, er tastete sich nun weiter in die Tiefe vor ... entwickelte ein Gefühl für den Reichtum der Tiefe ... für den vielfältigen Geschmack der Erde und wuchs in alle Richtungen weiter ... um das zu finden, das ihm guttun würde ...

er schickte seine Wurzeln überallhin und nahm sehr genau wahr, was sie fanden ... und je weiter er sich vertiefte, wobei er sorgfältig darauf achtete, sich auch in der Oberfläche gut zu verankern, desto kräftiger und schöner wurde er auch über der Erde ...

seine Zweige und Äste wurden wieder weich und biegsam, seine Blätter wuchsen farbiger und größer, das Blau des Himmels sah er intensiver und er konnte die Sonne wieder genießen und sich vor ihr besser schützen …

irgendwann erreichte er den anderen unter der Erde dann doch noch mit seinen Wurzeln, weil der auch nach ihm suchte, begegneten sie sich irgendwo in der Nähe der Mitte … und sie tauschen sich seither aus, über den Reichtum, der in der Tiefe zu finden ist …

ihr Alter ist nicht zu bestimmen, groß und kräftig sind sie, doch auch jung und biegsam … ein Lächeln in ihren Kronen zeigt den Weg in ihre Tiefe …

und so kannst du es für den Moment genießen und magst vielleicht auch den Entschluss fassen und seine Verwirklichung beginnen … aus deiner Tiefe Erfrischung und Kraft zu schöpfen, ruhig auch unbewusst …

und du sammelst dabei Kraft und Frische in dir, in all deinen Zellen … lässt sie deine Augen klären und deine Muskeln stärken, den Körper reinigen, die Stimmung erhellen …

und das geschieht weiterhin unbewusst, während du dich jetzt wieder sammelst … und in deiner eigenen Geschwindigkeit hierher zurückorientierst … so schnell oder langsam, wie es gut ist für dich …

um wach zu werden und mit Lebensfreude aufzunehmen, was dir begegnet …

Vergängliche Straßen

Anregungen: Gedanken sind zwar im Moment sehr konkret, aber letztlich doch vergänglich; die Gefühle und Empfindungen sind das Überdauernde, das durch Gedanken hervorgehoben aber auch verändert wird; indem Gefühle und Empfindungen unbewertet gespürt werden, können Ruhe und Freude sich innerlich ausbreiten.

… und du kannst dich sinken lassen, angenehm schwer und wohlig warm, während draußen immer irgendwo Vögel zwitschern, auch wenn sie nicht immer laut zu hören sind …

kannst du nach einem Tag, an dem viel Anstrengendes war, deinen Muskeln erlauben, ihre Spannung loszulassen …

kannst auch deinen unangenehmen Gefühlen erlauben, ihre Anstrengungen aufzugeben und loszulassen, was auch immer ihre Aufgaben waren, und so den Körper sinken lassen … und dich ausruhen …

und die negativen Gefühle sinken lassen, sodass auch die Seele sich ausruhen kann, sich in der Vorstellung vielleicht unsichtbar neben ihren Körper legt, oder sich an einem schönen Platz im Körper ausruht, irgendwo, wo sie sich geborgen fühlt … und zur Ruhe kommt …

und in solchen Momenten ziehen viele Gedanken in den Kopf, auch viele Gefühle und Empfindungen und durch ihn hindurch … so sagt man jedenfalls, denn noch niemand hat einen Gedanken aus einem Kopf kommen sehen, oder ein Gefühl aus dem Bauch, sodass sie wohl alle drin bleiben oder aber für das normale Sehen unsichtbar sind …

und wie dem auch sei, jedenfalls werden alle Gedanken von Gefühlen begleitet … und es ist meist gar nicht so leicht, das eine vom anderen zu unterscheiden … und wenn man es wollte, könnte man so nebenbei, während Ruhe sich in den Muskeln ausbreitet … und den Körper tiefer sinken lässt …

die Gedanken grau einfärben und die Gefühle farbig, mit oder ohne Pinsel …

vielleicht wie eine Landschaft, in der die Gedanken graue Straßen bilden … zwischen denen Wiesen wachsen, mit vielen farbigen Blumen und Gräsern und die Blumen können die Gefühle sein …

und so kannst du die Ruhe jetzt genießen, auf deine Art, und dich in den Moment hineinsinken lassen … angenehm schwer und wohlig warm …

auf deine Weise sinken lassen, so, wie es gut für dich ist ... und deine Fantasie nach oben steigen lassen, wie einen warmen Lufthauch, spielerisch und leicht ... von der Sonne gewärmt ...

sodass du unter dir ein Netz von grauen Straßen sehen kannst und dazwischen viele Farben ...

und aus der Ruhe des richtigen Abstands kannst du erkennen, dass die grauen Straßen sehr klein sind im Vergleich zu den vielen Blüten, den Farben der Gefühle ...

und wenn du dich weiter nach oben steigen lässt, werden die grauen Straßen sogar irgendwann verschwinden, für das normale Sehen ... tiefe Ruhe breitet sich aus und die Farben ergeben ein schönes Bild ...

an manchen Stellen kräftig gefärbt, an anderen Stellen eher blass, und so wird dem, der sich dafür interessiert, deutlich werden, dass die Straßen, auf denen scheinbar alles Wichtige passiert, ganz nebensächlich sind und vergänglich ... kaum entstanden, schon wieder zerfallend ...

während die Blüten sich immer wieder neu anordnen, zu schönen Bildern, zu lebendigen Gestalten, zeitlos ...

und so kannst du die Ruhe des Augenblicks vielleicht genießen und es zulassen, dass die Farben sich immer wieder neu ordnen ... so, wie es gut ist für dich ...

sich jeweils ändernd, ohne dass die Straßen wirklich eine Rolle spielen, und die gute Anordnung der Blüten verbindet deinen Körper mit deiner Seele ... auf eine gute und fruchtbare Weise ... und mit allem anderen auf eine gute Art, sodass du dich wohlfühlst, mit dir selbst, irgendwie ...

und so kannst du dich nun wieder sammeln ... in deiner eigenen Geschwindigkeit ... und dich hierher zurückorientieren, so schnell oder langsam, wie es jetzt gut ist für dich ...

Spiegelsee

Anregungen: *Loslassen von Anspannungen und Gefühlen; angenehme Wärme auch in der Tiefe spüren; sich als Ganzes sehen, ohne Wertung; Klärung der Gefühle und Gedanken; Lösungen für Probleme aus sich selbst heraus entstehen lassen; eigene Entwicklungen akzeptieren; den Weg zur klaren Sicht auch zukünftig gehen.*

... immer wenn der Rücken auf einer weichen Unterlage liegt und die Wärme vom Rücken in die Unterlage geht und von dort wieder zurück in den Rücken ... wo sie jeden einzelnen Wirbel umspült ... die wohlige Wärme ...

können die Muskeln im Rücken loslassen, können all die Spannung abgeben, die sich den Tag über bis jetzt angesammelt hat ... können die Spannung in die Wärme der Unterlage hineinsinken lassen ...

und sie sinkt tiefer, die Spannung des Tages, mit dem Ausatmen tiefer in die wohlige Wärme ...

eine Anspannung nach der anderen löst sich aus dir, sinkt aus dir heraus, legt sich über die anderen, die schon losgelassen sind, wird so schwerer und sinkt tiefer ...

und es ist gut so, irgendwie ... auch für die Spannungen ... und mit den Spannungen sinken auch die Gefühle des Tages hinunter, die guten finden Eingang in die Zellen des Körpers und in die Bestandteile der Seele, die weniger guten sinken in die Unterlage ...

und von dort tiefer, von dir weg ... wie bei einem See, der zur Ruhe kommt ... sobald der Wind sich legt, werden die Wellen ruhiger, allmählich flacher, bis schließlich irgendwann der See ganz glatt ist ... wie ein völlig klarer Spiegel, den die Stille des Windes geöffnet hat ... für einen klaren Blick der Sterne in die Seele der Erde hinein ...

während unter der Oberfläche die aufgewirbelten Teile nach unten sinken und auf dem Grund zur Ruhe kommen ...

auch wenn immer mal wieder Wellen entstehen können, durch ein Geräusch, einen Windhauch, einen Fisch, der aus dem Wasser schaut, immer wieder kehrt Ruhe ein ... zuverlässig ... geduldig ...

und der Spiegel klärt sich jedes Mal neu und die Sterne schauen hinein ...

denn in seiner Tiefe liegt das Wissen über das Wesen der Schauenden, auch der Sterne, die sich im Spiegel erkennen ... des Mondes, der seine Gestalt findet, immer wieder neu ...

und am Morgen, nachdem die Nebel sich verzogen haben ... wie ein feiner Vorhang öffnet sich der See ... für die Sonne öffnet sich sein Spiegel ...

er wird rötlich zuerst, dann gelbgold und schließlich weiß ... und die Sonne wärmt ihn in ihrem Schauen, wärmt ihn tief hinein ... und verändert ihn durch ihr Schauen auf eine gute Weise ... und es ist ihr wichtig, die Ruhe des Sees nutzen zu können, wo sonst könnte sie sich sehen, so wie sie ist, in ihrer gleißenden Helligkeit, die sonst kein Auge zu sehen bekommt, da jedes Auge ihren direkten Blick fürchtet und doch gern ihre Wärme annimmt ...

die der See ihr zurückgibt, und so versteht auch sie sich im Widerschein als etwas anderes, als sie sich fühlt, und wird so zu einem anderen Ganzen im Verständnis des Spiegels, vielleicht dem wahren Ganzen, vielleicht deshalb wärmt sie dankbar den See, erleuchtet seine Tiefen in ihrer hellen Wärme ...

und der Spiegel begleitet sie ein Stück ihres Weges, mit seiner annehmenden Ruhe, die nicht wertet ... und seiner wissenden Tiefe ...

und auch die Wolken schauen hinein, tanzen manchmal über dem See, miteinander oder alleine, um sich in ihrer Leichtigkeit von allen Seiten sehen zu können ...

lassen Tropfen hineinfallen und beobachten die Wirkung, die Verwirrung und anschließende Klärung ...

und gleichgültig, wie viele Tropfen sie hineinfallen lassen, am Ende wird der See immer wieder klar und zum Spiegel …

und je mehr Tropfen sie hineinfallen lassen, desto weniger werden sie geworden sein … wenn der Spiegel wieder klar geworden ist …

und am Rand stehen Bäume und Blumen und Gräser und auch sie sehen sich und ihre Entwicklungen in der Zeit in der tiefen Ruhe …

und wer so einige Tausend Jahre hineingeschaut hat, immer dann, wenn der See glatt und ruhig war … und manchmal ist er Tage und Wochen verhangen durch Nebel, Regen, Schnee oder Eis …

der kann hören, denn da sind Stimmen im See, auf uns vielleicht fremd wirkend, könnten wir sie hören, eigentlich sind sie gar keine richtigen Stimmen, eher ganz fein abgestufte Stimmungen, die über und durch das Wasser ziehen … und sich ganz verschieden bemerkbar machen können und in ihrer Dichte und Farbe sogar Worte entstehen lassen können …

und es ist die Art der Unterhaltung all jener Lebewesen, die lang genug leben und es verstehen, still zu sein … und zu lauschen …

die Bäume sprechen mit den Sternen, die Sonne spricht mit ihnen und ein Mensch, der dort schläft, an einem Tag, in einer Nacht, in der er klar ist, der See, der kann es vielleicht auch irgendwie hören …

und weiß es nicht bewusst und ist doch danach ruhiger und klarer in sich, trägt das tiefe Wissen des Spiegels in seiner Seele …

und wenn er sich ihm zuwendet, in seinem Selbst, bekommt er Antworten auf Fragen, die er sich bewusst vielleicht noch gar nicht gestellt hat …

und deshalb kannst du es mehr oder weniger einfach nur genießen, hier zu sein, angenehm schwer oder leicht und wohlig warm …

um einen der Wege zu diesem Spiegel in deinem Inneren mitzubringen und in geeigneten Momenten hineinzuschauen und zuzuhören, so wie es für dich gut ist …

weil du dich jetzt hierher zurückintegrierst, dich sammelst … in deiner eigenen Geschwindigkeit … um dich wohlzufühlen mit dir selbst … für den Rest des Tages und darüber hinaus …

Der kleine Wind des Atems

Anregungen: den eigenen Atem spüren; sich bewusst werden, dass der Atem Teil der Luft ist, die alles umgibt und alle Lebewesen miteinander verbindet; sich geborgen in der Natur fühlen; die Fantasie anregen; sich über den Atem in andere Lebewesen einfühlen.

… während du hier liegst, kannst du deine Aufmerksamkeit auf deinen Körper lenken, begleitet von Geräuschen und Gedanken kannst du dich sinken lassen, mit dem Ausatmen sinken lassen … angenehm schwer und wohlig warm …

und deinen Atem strömen lassen, denn er bringt Frische in deinen Körper, während deine Lunge sich mit dem Einatmen öffnet und den Atem annimmt und ihn weitergibt an den Körper …

und der Atem wird Teil von dir, er strömt wieder aus, gibt dabei Verbrauchtes ab, nimmt Spannung mit und lässt sie nach unten sinken …

und nachdem er die Spannung losgelassen hat, ist er leichter geworden, der Atem, und freier bewegt er sich weiter …

er findet den Weg nach draußen, dort streicht er über die Fenster und die Hauswände, während du einfach hier liegen kannst, angenehm schwer und wohlig warm …

und so freut sich dein Atem, der nun wieder Wind geworden ist, über seine Freiheit. Er trägt noch Wärme in sich, die du ihm mitgegeben hast und das Gefühl der Erleichterung … das immer beim Ausatmen gefühlt werden kann …

und er trägt noch andere Gefühle mit sich, die er in dir aufgenommen hat, schon vorher auf seinem langen Weg …

und er teilt sie den Bäumen mit, denen er begegnet, den Sträuchern, durch die er hindurchstreicht … vielleicht nimmt ein Rosenstrauch ein solches Gefühl der Ruhe oder einen Traum von dir in seine vielen Arme auf, in die Blüten, verwandelt es in Farbe …

und das Auge kann es in Vielem sehen, so auch in der Schönheit der Blüte im Frühjahr, dein Gefühl …

und der kleine Wind deines Atems wandert weiter, nimmt Sauerstoff auf, von den Flüssen, von den Pflanzen, teilt mit den Bäumen und den Fischen, was du gefühlt hast … und vielleicht bestehen alle Farben der Blüten aus den Gefühlen der Menschen und der Tiere, die der Atem in der Natur verteilt … wer weiß das schon …

irgendwo auf seinem Weg wird der kleine Wind des Atems wieder eingeatmet, teilt auch dort Gefühle und nimmt neue auf und Träume, spielt nebenher mit Geräuschen und sammelt Weisheit in sich, der kleine Wind des Atems, während du einfach nur hier liegst, angenehm schwer und wohlig warm …

und irgendwann kommt er vielleicht wieder zu dir zurück, du atmest ihn ein, erkennst ihn vielleicht wieder auf einer deiner unbewussten Ebenen …

und er erzählt dir in geeigneten Momenten all das, was er gesehen hat … und gefühlt hat … auf seinen Wegen in der Welt …

und für einen kurzen Augenblick magst du aufhören, mit dem, womit du dich beschäftigst, und du magst auch bewusst das intensive Gefühl haben, ein Teil der Natur zu sein … fühlst dich vielleicht irritiert im Verstand … aber glücklich und hell und befreit in deinem Inneren …

und magst den Eindruck haben, selbst die Natur zu sein, gleichermaßen ein Baum wie ein Fels oder ein Vogel …

und so kannst du geschehen lassen, was ohnehin geschieht, lässt mit dem Ausatmen Spannung los dabei und nimmst mit dem Einatmen Frische auf …

lässt dich zufrieden sinken, in den Moment hinein, bist für einen Moment einmal völlig zufrieden mit dir und mit dem, was du bisher geleistet hast … und was du bist …

denn jeder Atemzug verbindet dich mit allem, was ist, mit allem, was war und mit allem, was je sein wird …

während du einfach nur hier liegst, angenehm schwer und wohlig warm …

um dich jetzt allmählich wieder zu sammeln, dabei die Dinge auf eine gute Weise in dir zusammenwirken lässt … und in deiner eigenen Geschwindigkeit hierher zurückkehrst, wach und klar …

Innere Sonne

Anregungen: *Erschöpfung akzeptieren; Erholung zulassen; innere Stärke und Ruhe zulassen; Sorgen loslassen, sodass sich die gebundene Energie warm im Körper sammeln kann; Ängste anschauen – und loslassen, sodass die Energie zunimmt und du leichter wirst; dir erlauben, auch wieder aufzuhören damit, wenn es gut ist; Ängste verblassen lassen; diese guten Veränderungen weiter wirken lassen.*

… du kennst das Gefühl, wenn zu viele Dinge zugleich von dir verlangt werden. Irgendwann kommst du an einen Punkt, da kannst du dann kaum noch etwas in Ruhe anfangen oder zu Ende bringen und bist dennoch schnell erschöpft. So kannst du dir im Moment erlauben, einmal all diese Dinge – oder doch so manche – loszulassen und so in einen Bewusstseinszustand kommen, in dem die Energie sich in dir sammelt …

und mit diesem Bewusstseinszustand ist Ruhe verbunden, Ruhe und innere Stärke, sodass deine Muskeln loslassen können, deine Glieder tiefer sinken und eine wohlbekannte Wärme sich ausbreitet …

und so kannst du jetzt, während die Ruhe in dir tiefer wird, während die Geräusche ihre Melodien an deine Ohren tragen lassen, während deine Kleidung sich bei jedem Atemzug mitbewegt, die Dinge mehr und mehr loslassen für den Moment, damit deine Energien sich sammeln und konzentrieren können, zu einer kleinen warmen Sonne, vielleicht in deinem Bauch oder in der Brust … und diese Sonne mag rund sein, gelborange, sie fühlt sich freudig an und warm … und mit jeder Sorge, mit jedem Bedenken, das du loslässt, ernährst du deine innere Sonne, dadurch wird diese Sonne größer und wärmer, sie freut sich, dass sie bei dir sein kann …

irgendwo sind auch in dir irgendwelche Ängste, denn wir alle schleppen Ängste mit uns herum, wir lernen das sehr früh, schon in der Kindheit, schon als Säugling, so manche Ängste brauchen wir, sie schützen uns, denn als Kind hast du gelernt, Vielem auszuweichen, das dir Angst gemacht hat, um dich zu schützen, und du hast auch gelernt, dass du manchen Ängsten gegenübertreten musst, dass du sie nur loswirst, indem du sie anschaust, und das genügt oft auch schon und so kannst du das jetzt einmal probehalber tun, während dein Körper angenehm schwer und wohlig warm ist in der Ruhe …

und deine eigene innere Kraft, die Sonne in dir lächelt dir ermutigend zu. Sie pulsiert ruhig dabei in ihrem hellen, warmen Licht und du kannst dich der einen oder der anderen Angst zuwenden und sie anschauen, dir ihr Gesicht ansehen, aus der sicheren Position deiner Ruhe heraus, dann, wenn du dazu bereit bist, jetzt …

und jedes Mal, wenn du einer Angst ins Gesicht schaust, wächst die Sonne in dir. Ihr Lächeln wird breiter, ihre Wärme breitet sich aus, legt sich wie eine ganz leichte warme Decke über die Schmerzen, die mit Angst einhergehen, und deine Angst wird jetzt kleiner, fängt vielleicht sogar schon an, sich aufzulösen, und du spürst im Niedersinken deines Körpers in seine Schwere, dass du nun wieder etwas leichter geworden bist, und so kannst du das vielleicht auf einer unbewussten Ebene jetzt einmal durchprobieren, in diesem Moment, so weit, wie du jetzt bereit bist dazu, mit dieser oder jener Angst, immer nur so weit, wie es für dich gut ist ...

und es kann anstrengend sein. Wenn es dir zu anstrengend ist, gib dir die Erlaubnis, wieder damit aufzuhören. Geh auf eine Wiese, spüre die Lebendigkeit der Pflanzen, das Öffnen von Knospen, vielleicht sind da weiche Weidekätzchen irgendwo und genieße es, bei dir zu sein, für nichts anderes Energie aufwenden zu müssen, als für dich selbst und dein Wohlergehen, mit jedem Blütenblatt, dessen Samtweiche du an deiner Haut spürst ...

und wenn du das Gewicht deiner Haare spürst, während sie wieder herunterfallen, nachdem der Wind sie im Spiel hochgehoben und wieder losgelassen hat, dann bist du bei dir und die Weichheit eines Weidenkätzchens spürst du wie etwas Weiches in dir, das es auch in dir gibt, etwas Weiches, Zartes, Liebenswertes in dir ... und indem du dich dir selbst zuwendest, wächst der Energieball in dir, die warme Sonne in deinem Inneren ...

und indem du deine Ängste anschaust, eine nach der anderen, es müssen nicht alle sein, spürst du deine eigene Kraft und die Sorgen können von dir abfallen, für diesen Moment ...

und du kannst dich bewusst dafür entscheiden, in Zukunft dafür Sorge zu tragen, dass du deine Energien bewusster einsetzt und dich dabei leiten lässt von deiner inneren Weisheit, die dich seit deiner Kindheit wachsen lässt, die dich schützt, wenn du auch nur ein wenig auf sie hörst ... und dir noch immer Lösungen für das eine oder andere eingibt, wenn du danach fragst ...

und so wird die Sonne in dir größer und wärmer, ihr Lächeln breitet sich aus, wärmt gütig deine Seele und erfüllt deinen Körper pulsierend mit Offenheit und Wärme ...

deine Ängste werden dabei immer kleiner und unwichtiger, wie Sterne die in der Morgendämmerung verblassen, immer mehr überstrahlt werden vom Licht der Sonne, mehr und mehr verblassen und schließlich im Licht der Sonne verschwinden ... und so kannst du diesen Prozess genießen ...

und ihn später zu einem günstigen Zeitpunkt fortsetzen, dich nun aber wieder sammeln, in deiner eigenen Geschwindigkeit, und hierher zurückkehren ... und wieder ganz wach werden, so schnell oder langsam, wie es für dich gut ist ...

Die Seele der Kieselsteine

Anregungen: *die Fantasie öffnen, indem auch Kieselsteinen eine Seele zugestanden wird; mit den vielgestaltigen Kieselsteinen die eigene Individualität akzeptieren; über das Polieren des Kieselsteines die Klärung des eigenen Selbst fördern; den Wert entdecken, der auch dann in allem enthalten ist, wenn er von außen nicht sichtbar ist – nicht einmal vermutet wird.*

... wenn du deine Schwere jetzt wieder sinken lässt – und das kann dir sogar überraschend leicht fallen – mit dem Ausatmen die eigene Schwere sinken lässt ... dann kann die Seele in der Vorstellung nach oben steigen, wie in einem Heißluftballon aufsteigen, der Sonne entgegen ...

auf ihrem leichten Weg nach oben kann sie sich erinnern, dass es viele Wege gibt, auf denen Kieselsteine liegen ... und die Kieselsteine sind sehr alt. Sie haben schon viele Zeiten an sich vorüberziehen sehen, während sie in ihrer steinernen Ruhe einfach nur dort lagen ...

sie sind es seit Langem gewohnt, ihr Gewicht nach unten sinken zu lassen. Sie tun das überall, wo sie sind, liegen einfach nur da und geben ihre Schwere an den Boden ab ... und fühlen sich wohl dabei ...

und auch wenn Kieselsteine beim flüchtigen Schauen alle gleich aussehen, wenn der Blick nur so darüber gleitet ... oder ähnlich zumindest, staubig und eher grau, so sind sie bei näherer Betrachtung ganz verschieden voneinander ...

vermutlich gibt es unter all den Bergen von Kieselsteinen, die auf der Welt so rumliegen, auf den Wegen und daneben nicht zwei, die völlig gleich aussehen. Und obwohl sie meist grau wirken, gibt es doch auch farbige unter ihnen. Wenn du dich in Ruhe erinnerst, dann weißt und fühlst du es ...

und so kannst du dir einen solchen farbigen Stein aussuchen, ihn mit deiner Hand kennenlernen ... ihn mit den Augen sehen ...

und es gibt fast jede Farbe. Du kannst ihn auch polieren und schon bald fängt er an zu glänzen, seine Farbe wird kräftiger und klarer ... und da du in der Fantasie alle Zeit hast, kannst du ihn so lange polieren, bis du hineinschauen kannst, in seine klare Tiefe ...

und so siehst du irgendwann, was in der Mitte seiner Schwere ist, hell und strahlend und so leicht, dass es nur in einem schweren Stein Platz und Geborgenheit finden kann ...

denn in seiner Tiefe, die sich erst langsam erschließt und nach geduldigem und gründlichem Polieren, ist etwas überraschend Schönes und Klares, wie ein reiner See, der verborgen in den Bergen liegen mag ...

es kann also ein ganzes Weilchen dauern, bis es deutlicher wird, und es ist leicht und hell in ihm. Vielleicht ist das die Seele des Steines, gut geschützt durch eine feste Schale und ein unscheinbares Äußeres, meist stumpfes Grau, das sich durch Geduld und liebevolles Polieren erschließen lässt ...

und so nimmst du deinen polierten Stein in deiner Vorstellung mit, wenn du magst, gibst jetzt noch einige restliche

Schwere ab … und lässt dabei leichte und helle Kraft in dich einfließen …

und deine Füße mit ihren Zehen wissen es schon lange und freuen sich oft darüber, denn wenn du barfuß darüber läufst, dann spüren sie die Seelen der Steine in ihrer Tiefe … mit ihrer ganzen verborgenen Schönheit …

und so kommst du mit heller Kraft gestärkt hierher zurück, in deiner eigenen Geschwindigkeit … wirst dabei mit jedem Einatmen frischer und klarer … sodass du mit dem Öffnen der Augen ganz wach und bereit bist … das einfache Schöne zu genießen …

Literatur

Die Geschichten des Buches entstammen den folgenden Veröffentlichungen:

Wilk, D. (2014): Innehalten und Verweilen. Geschichten, die Veränderungen ermöglichen. Heidelberg (Carl-Auer).

Wilk, D. (2004): Autogenes Training. Ruhe und Gelassenheit lernen. Bern (Huber), 3. Aufl.

Wilk, D. (2005): Auf den Schultern des Windes schaukeln. Heidelberg (Carl-Auer), 6., überarb. u. erw. Aufl. 2014.

Wilk, D. (2006): Ein Käfer schaukelt auf einem Blatt. Heidelberg (Carl-Auer), 5., überarb. Aufl. 2014.

Wilk, D. (2012): Die Melodie der Ruhe. Trance-Geschichten: Gefühle wahrnehmen und akzeptieren. Heidelberg (Carl-Auer), 2. Aufl. 2014.

Weiterführende Literatur zur Hypnotherapie

Revenstorf, D. u. B. Peter (Hrsg.) (2009): Hypnose in der Psychotherapie, Psychosomatik und Medizin: Manual für die Praxis. Berlin (Springer), 2. Aufl.

Weitere Veröffentlichungen des Autors zum Thema

Wilk, D. (2002): Endlich Schmerzen wirksam lösen. (CD) Stuttgart (Trias).

Wilk, D. (2009): Schlafgeschichten. Mit der Hypnotherapie besser schlafen. (CD) Bad Krozingen (Juni).

Wilk, D. (2010): Auf sich aufpassen. Trancegeschichten als Weg zu den eigenen Heilkräften. (CD) Bad Krozingen (Juni).

Wilk, D. (2012): Der Bach der Wünsche. Eine Trancegeschichte – begleitet von einer Querflöte. (CD) Bad Krozingen (Juni).

Über den Autor

Daniel Wilk, Diplom-Psychologe und Psychologischer Psycho-therapeut; Hypnotherapeut (M.E.G.) und Gesprächspsychothe-rapeut (GWG) mit Weiterbildungen u. a. in Verhaltenstherapie und NLP. Psychotherapeutische Tätigkeit an der Schwarzwald-klinik Orthopädie; vermittelt seit über 30 Jahren autogenes Trai-ning und tiefere Entspannungen. Daneben gibt er Fortbildun-gen in autogenem Training und Hypnose, u. a. für die Deutsche Gesellschaft für Entspannungsverfahren (DG-E). Daniel Wilk ist Autor mehrerer Bücher, darunter *Auf den Schultern des Win-des schaukeln* (6., überarb. u. erw. Aufl. 2014.), *Ein Käfer schau-kelt auf einem Blatt* (5., überarb. Aufl. 2014.), *Die Melodie der Ruhe. Trance-Geschichten: Gefühle wahrnehmen und akzeptieren* (2. Aufl. 2014) und *Der Fisch, der vom Fliegen träumt. Trance-geschichten für einen anderen Blick auf die kleinen Dinge* (2015).

Kontakt: www.das-fortbildungshaus.de

Daniel Wilk

Aus dem Leben eines Steins

Die Liebe für den
Lauf der Dinge entdecken

76 Seiten, Kbr, 2014
ISBN 978-3-8497-0037-9

Ein Stein ist ein unbelebtes Ding, das nicht denken kann. Kein Stein kann seinen Weg lenken oder sich mitteilen. Der Stein in dieser Geschichte ist anders. Er erlebt seinen Weg bewusst, lässt sich vom warmen Lufthauch aus dem Hang lösen, an dem er schon viel zu lange lag, und strebt dem Meer entgegen. Auf diesem Weg wird er von einer warmen Meeresbrise begleitet, die er vor der Kälte gerettet hat. Gemeinsam gelingt es ihnen, ihr Wunschziel zu erreichen.

Daniel Wilk hebt mit seiner Geschichte vom Stein und der Meeresbrise die Regeln, die unser Verstand uns vorgibt, aus den Angeln. Er lässt die Leser immer wieder neu erfahren, dass die Welt anders ist als gedacht. Seine Fantasie ermutigt dazu, die engen Grenzen des bewussten Wissens spielerisch zu überschreiten. Gleichzeitig schafft es der erfahrene Hypnotherapeut, heilsame und ressourcenfördernde Suggestionen zu streuen, die die Lektüre dieses kleinen Buches zu einem entspannenden und wirksamen Lesevergnügen machen.

„Die ungewöhnliche Freundschaft zwischen einem Stein und einer Meeresbrise erinnert an den ‚Kleinen Prinzen', wie die beiden sich vorsichtig und liebevoll begegnen, einander zuhören und dabei Gemeinsamkeiten und Unterschiede entdecken und ihre Ängste verlieren."
Nicole von Arx, Diplom-Psychologin

 Carl-Auer Verlag • www.carl-auer.de